心灵的教育

[美]乔治·赫伯特·贝茨 著

周 伟 译

哈尔滨工程大学出版社
Harbin Engineering University Press

内容简介

本书原著作者乔治·赫伯特·贝茨教授(George Herbert Betts)(1868—1934)是美国19世纪末20世纪初著名的教育学家、心理学家。主要著作包括:《背诵》(*The Recitation*)(1910)、《乡村学校的新理想》(*New Ideals in Rural Schools*)(1913)、《心灵的教育》(*The Mind and Its Education*)(1916)等,其中尤以《心灵的教育》一书著名,该书堪称是20世纪初心理学领域的经典著作。

本书全面系统地阐述了心理学的基本概念和原理,是心理学领域科普知识的经典文献;其主要内容包括注意力、习惯、感觉、知觉、心理印象与思维、想象、联想、记忆、本能、情绪、兴趣、意志、自我表达与发展,等等,这些都是心理学领域中最基本和最重要的研究主题。本书在不同主题中对心理学进行了具体的教学应用,以指导教育工作或个人使用。实践证明,心理学不仅在学习和教学方面,而且在工作和职业指导方面,都可以为人们提供帮助。

本书可作为高校师生及对心理学感兴趣的读者的阅读书目。

图书在版编目(CIP)数据

心灵的教育/(美)乔治·赫伯特·贝茨(George Herbert Betts)著;周伟译. —哈尔滨:哈尔滨工程大学出版社,2019.11

ISBN 978-7-5661-2536-1

Ⅰ.①心… Ⅱ.①乔… ②周… Ⅲ.①心理学-通俗读物 Ⅳ.①B84-49

中国版本图书馆CIP数据核字(2019)第268379号

选题策划 雷　霞
责任编辑 雷　霞
封面设计 刘长友

出版发行 哈尔滨工程大学出版社
社　　址 哈尔滨市南岗区南通大街145号
邮政编码 150001
发行电话 0451-82519328
传　　真 0451-82519699
经　　销 新华书店
印　　刷 北京中石油彩色印刷有限责任公司
开　　本 787 mm×960 mm　1/16
印　　张 10
字　　数 205千字
版　　次 2019年11月第1版
印　　次 2019年11月第1次印刷
定　　价 45.00元
http://www.hrbeupress.com
E-mail:heupress@hrbeu.edu.cn

目　录

第一章　心智或意识

我们要研究心智及其教育，但是该怎样研究呢？研究大千世界中与我们相关的物质材料很容易，因为我们看得见、摸得到它，甚至可以称量或测量它。但是心智是无形的，我们无法看见、感觉、品味或掌控它，那我们应当如何去发现心智的本质并了解意识活动的过程呢？心智不属于感官所能感知到的物质领域，而属于感官无法掌控的精神领域。然而，心智其实也可以像物质世界一样真实而科学地被认识和研究。首先让我们看看这是如何做到的。

1. 如何知晓心智

意识的个性——心智是可以被观察和感知的。但每个人只能直接了解自己的心智，而无法了解别人的心智。我可能会看着对方的脸，通过猜测隐藏在微笑、皱眉或眨眼背后的含义，从而了解对方的心思。但谁也不能直接知晓对方的心智。我能辨认你的容貌、了解你的声音、回应你的握手，但是我却永远无法完全知晓掌控着你想法的心智和感知你悲伤、愉悦的意识。事实上，除了通过你的肢体动作和表情，我根本无法了解你的心智。除了通过这些方式，你也没有任何方式可以向我展示你的心智——你心灵的自我。

因此，只有你才能了解你自己，也只有我才能第一时间直接了解我自己。在你我的意识之间，存在着一个无法跨越的鸿沟。意识中我们每个人都分开生活，就像过往的船只一样，彼此招呼，却不接触。我们可以一起工作，一起生活，彼此相爱，彼此憎恨，然而我们内心深处永远是孤独的。它们（意识）必须过它们自己的生活，有自己的想法，奔向自己的命运。

内省是发现意识本质的唯一途径——那么什么是心智呢？我们称之为意识的东西到底是什么？对于我们每个人来说，此时此刻没有比这更清晰的定义了。了解心智定义的唯一途径就是观察我们自己的意识，观察那里正在发生什么。用心理学家的话说，我们必须内省。因为一个人永远不能仅仅通过听讲座或阅读课本来理解心智的本质及其工作原理。这里没有心理学文本，它只存在于你鲜活生命体中、追随着你我的思想之流。诚然，讲座和书本可能会告诉我们在内省时应该寻求什么，以及如何理解我们所发现的。但是，关于我们心智的描述必须经过我们自己的观察和体验后,才能成为对我们至关重要的真理。

我们如何内省——内省是一门我们必须学习的艺术。有些人轻而易举就掌握了内省,有些人则更困难;有些人恐怕永远也无法熟练地运用它。一个人要想内省,就必须在思考、记忆、决定、爱、恨,以及其他一切行为中,使自己处于无意识的状态。这些转瞬即逝的意识阶段永远在飞翔,它们永不停歇,从不止步,我们必须在其闪过时捕捉住它。这并不像看上去那么容易,因为当我们转向内部观察思维的那一刻,意识就改变了。我们要检查的东西已经消失了,其他东西已经取而代之。这时,我们所能做的就是趁这个心理对象还在记忆中时去观察它,或者当它重现时再去捕捉它的身影。

通过表达来研究他人的心理状态——虽然我只能与自己的心智面对面,但是我可以通过判断你的心理状态去了解你的意识中发生了什么。因为为了和你一起顺利工作,为了教导你、了解你、控制你或服从你,成为你的朋友或敌人,或以任何其他方式与你交往,我必须认识你。但我要了解的是隐藏在我们称之为身体的物理面具之后的真正的你。因此,我必须要了解你的意识状态,它们反映在你的身体表达中。你的脸庞、形态、手势、言语、语调、笑声和泪水,以及注意力、因悲伤而导致的情绪下降、因愤怒而产生的紧张和逐渐开始的恐惧——所有这些都表现了在感官之下的真实心理状态。这些不同的表达方式是屏幕上的图片,通过这些图片,你向别人展现自己的想法,它们是内在自我与外界对话的语言。

学会解读表达方式——如果我想了解你的心理活动,我必须学会解读你的肢体语言。我必须研究人性,学会观察别人。我必须运用课本中所能找到的信息去解释那些关于"我"的东西。这种对他人的研究可能是不加批判的,就像我对于所遇到的那些人的智力观察一样。或许它是科学的,就像我精心策划的心理实验一样。但无论在哪种情况下,都是通过他们的肢体表达来判断其潜在的意识。

研究心智的三种方法:(1)来自教材的描述和解释;(2)对自身意识过程的内省;(3)对他人的观察,这既可以是非批判性的,也可以是科学性的。

2. 心智的本质

心智的本质不被内省所揭示——即使通过内省,我们也难以确切地发现心智是什么,对此我们也不必太过沮丧。就如同电能一样,尽管几乎每个人都以各种方式使用电能,却没有多少人知道电能是什么。我们通过电能表现自身的方式发明了发电机、电动机。我们观察电能在光、热和机械力中的作用,并由此了解支配它运行的规律。但我们几乎并不了解电能的真正本质,就像古人对它的用途一无所知一样。发电机不产生电能，而只是提供发电条件，使电力能够在物质世界的工作中发挥作用。同样，大脑或神经系统并不能创造心智，但它可以提供心智产生的设备。我们可以研究神经系统，了解心智运作的条件和限制，但这并不是研究心智本身。就像电能一样，我们若想了解心智，就必须通过研究它所表现出来的活动——我们可以了解这些活动，因为它们是人们的经验之谈。因此，只有通过研究这些意识过程，我们才能去了解、掌控心智及其发展的规律。我们的思维、感觉和意愿到底是什么？这个问题对我们来说太难了，事实上，对于历代哲学家来说这也是个难题。但当认知、感觉和意志发生时，我们可以通过观察从而了解它们。

意识就像过程或溪流——当审视心智时，我们发现它并非一个事物，而是一个过程。事物可能会消逝，但过程永远存在。意识就像一条溪流，正如我们在心理学上讨论的那样，我们认为心智诞生于摇篮，终结于坟墓。它开始于婴儿进入世界时第一次微弱的摸索，结束于成人离开世界时最后一次盲目的探索。溪流一开始很狭窄，只是当婴儿看到光或听到声音时，产生的一丝感觉。随着心智的发展，溪流逐渐变宽，最终其宽度可以由终生的生活经验来衡量。

这种意识的溪流是不可抗拒的。只要生命持续，没有外力能阻止它的流动，自己也无法阻止它。当我们试图停止思考时，意识的溪流却改变了方向，继续前进。无论是当我们清醒时、睡觉时，抑或在麻醉剂作用下失去知觉时，甚至某种心理过程还在持续时，意识的溪流始终存在。当溪流缓慢流动时，我们的思维也停滞不前——我们“感觉迟钝”；水流加快了，我们也活跃起来，思维也奔涌而来；或者我们如发烧般地胡言乱语，然后溪流疯狂地向前涌动，不受我们控制，我们开始把平日里井然有序的话语乱说一通。在不同的人身上，意识的溪流也以不同的速度运动，这就导致有些人的思维天生迟钝，而另一些人则生来敏锐。

意识在其他方面也类似于溪流般地运行。溪流是从一个源头到河口的完整整体，观察者站在其中任意一个点上都无法看到整条溪流。他看到的只是恰好在那个时候经过这一站的一小段溪流。水流看起来每时每刻都差不多，但构成水流的粒子却是不断变化的。我们的意识也是如此，意识的溪流从出生到死亡都是奔流不息的，但我们无法一次纵观其全貌。当我们快速转过身去，审视自己的内心时，我们看到的只是当下的一个瞬间。几秒钟前的事情已经过去，再也不会回来了。这种思想占据了我们片刻的时间，因为无法在其经过一个特定点时收集起组成溪流的粒子，使它们以完全相同的顺序和相互关系重新组合起来。这意味着，我们永远不可能两次拥有完全相同的精神状态，那一刻的思想不可能与第一次有相同的联系，此刻的想法将永远不再属于我们，我们在任何时候所能知道的关于我们思想的一切，都只是在那一刻出现在意识过程中的一部分。

意识流中的波动——我们意识流的表面并非静止不动，而是会因制高点的波动而产生断层。换种说法解释就是某件事在我们的思想中总是比其他事情更突出。只有当我们处于沉睡的遐想中时，或者不考虑过多事情时，溪流才接近于平静。在其他时候，某个事物占据了我们思想的制高点，或多或少阻碍了我们去想其他事物的可能性。在我们的思想中，每时每刻都有一千零一件事物是可能想到的，但除了一件事物以外，其余的事物都处于次要地位，或者根本不存在于我们的意识之中。它们存在于意识边缘，或者远离意识的边缘，只有一个事物占据着意识中心的位置。在寒冷的房间里，我们可能在深夜读一本引人入胜的书。作者的魅力、美丽的女主角或者勇敢的英雄占据着我们的心智，以至于我们忘记了疲惫的眼睛和打战的牙齿。意识在书中的兴趣点已经堆积到一个高潮，而目前身体却感觉处于一个较之低得多的维度。但是当这本书暂时变得乏味一点时，那溪流的组成就会瞬间改变。英雄、女主人公或文学风格不再占据意识制高点。它们失去了自己的优势，高潮被身体的感觉所替代，我们就意识到了酸痛的眼睛和颤抖的身体，而这些又将让位于下一个占据高潮的事物。图 1－1 描述了这些变化。

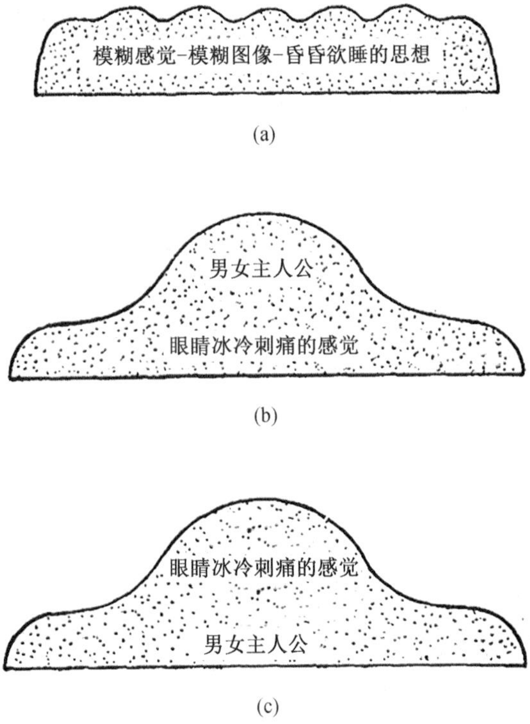

图 1－1

意识如同一个场——每时每刻的意识都可以比作一个场，在其中心点有一个高于周围水平的高地。这个中心点此刻被意识堆积在我们目前思想中最重要的对象上。我们意识中的其他对象暂时在场的边缘,但是它们中的任何一个都可能在下一刻处于中心点并将前一个对象推到边缘,或者让它可能完全从意识中消失。这一刻,高尚的决心可能占据了场的中心点,而令人烦恼的牙痛会产生让人不适的感觉,这种不适感会模糊地萦绕在我们的意识场边缘。下一刻,牙齿的一阵剧痛占据了场的中心点,将决心推到边缘。瞧!牙齿的疼痛让决心在我们意识场的边缘逐渐模糊,直到消退。

意识的“堆积”就是注意力——这个比喻不如把我们的意识比作一条不断向前流动并响应着我们思想流的溪流那么贴切,但不管我们用哪个比喻,事实都是一样的。我们的精神能量总会占据一个最高点。要么兴趣引领着我们,要么意志支配着我们,头脑要从我们可能想到的一千零一件事情中抽离出来,而转向这件暂时占据主要地位的事情。换句话说,我们仅仅是参与,因为这种意识的堆积毕竟只是注意力而已。

3. 意识流的内容

我们已经知道,精神生活可以被比作一条溪流,时而欢快、时而缓慢,不断变化,永不停歇。我们还要去探究,构成溪流的物质是什么,或者构成我们思想流的物质是什么——意识的内容是什么?目前还不能完全回答这个问题,但可以得出一个普遍适用的概念。

为何我们需要心智——首先让我们思考什么是心智,为什么动物,包括人类,都有心智呢?生物学家会说,因为有了心智它们就可以适应环境了。从软体动物到人,每个个体都需要一定数量和类型的心智,以使其拥有者适应特定的生存世界。太微弱的心智让动物在生存竞争中处于弱势,而一种远远高于其拥有者地位的心智,即使不是一种障碍,也会被证明是没用的,如软体动物无法使用人类的心智。

意识的内容取决于功能——人类需要多少心智?什么程度和哪种类型的意识最能帮助我们适应这个充满机会和责任的世界?首先,我们必须了解我们的世界,因而,我们的心智必须能够收集知识;其次,我们必须能够感受到心智的价值,并且能够对由情感引起的行动的巨大动机做出反应;第三,我们必须有能力控制自己,也就是说,我们有控制自己行为的意志。因此,我们期望通过这三组过程,即认知、感觉和意志,找到构成我们意识流的内容。

让我们立刻通过内省来检验一下我们的结论。如果我们坐在学习桌前正在冥思苦想一道几何难题,推理就会在意识流中,即场的中心,形成一种波动。这是我们思考的首要问题。我们意识的边缘是由来自灯光的各种感觉,我们衣服的接触，隔壁房间里传来的声音，一些记忆的识别，出现的“不定性”思想，以及许多其他不足以占据场中心的经验组成的。

然而如果给我们的不是学习桌和难题，而是一个明亮的壁炉，一把安乐椅，那就什么也不会发生。如果我们变老了，记忆——来自过去的印象——可能会蜂拥而至，占据这个场(意识)，以至于尽管火势低落，房间变冷，但记忆会依然留存。如果我们很年轻，对未来的憧憬可能会把所有其他事物挤到思维的边缘，而“白日梦”会占据场(意识)的中心。

我们的记忆也可能伴随着如悲伤、爱、愤怒、仇恨、嫉妒、快乐等情绪而变化。的确，这些情绪可能完全占据了场中心，以至于回忆本身暂时处于边缘，所以思维就被悲伤、爱或喜悦所占据。

再比如，给予我们的不是难题，不是记忆，也不是“白日梦”，而是做出某种决定的必要性。无论其大小，其中相互争辩的动机正在把我们拉向这个方向，而我们现今处于另一个方向，所以这个问题最终必须通过努力总结来解决。我能行！这是意志的斗争，是所有曾经历过心理拉锯战的人都知道的斗争，其他所有的一切，甚至是时间感、空间感和存在感，都会为这场斗争做出让步！这场斗争将会持续到做出决定的那一刻，那时所有的压力和紧张会瞬间消失，而其他事物会再次出现在意识中。

意识的三个基本阶段——由此，我们明白，如果我们可以像用一把大刀阻断河岸间的流水一样切断意识流，再观察断面，那么我们会发现，不同时段的溪流成分差异较大。我们一度发现意识表现在感知、记忆、想象、辨别、比较、判断、推理或获取知识的行为中；而意识的另一类表现则是恐惧、爱、恨、悲伤、享受或感知行为；还有一种表现在做决定或者是意志行为上。这些过程会构成一条溪流，或者换句话说，这些是大脑运转时的各道工序。我们无法找到一个这样的时间点，即，此时溪流由该过程的某一步骤构成，或是思维活动的模式在此时都没有表现出来。它们以不同的比重出现，有时更多地表现在求知中，有时是感觉，有时是意愿，而其中一些则常存于我们的意识中。我们精神流中这些不同要素的本质，它们之间的相互关系，以及它们以一种令人惊讶、困惑而又完全和谐的方式一起工作，以产生奇妙的思绪，这些构成了我们将在后续部分中共同思考的主题。

4. 意识驻留之地

我——意识——停留在这个身体的某处，但不知到底在何处？当手指想要对某物一探究竟时，意识似乎就在指尖之上。当大脑因过度学习而疲劳时，意识似乎就潜藏于大脑之中。当心跳加速、呼吸急促、肌肉因坚定的决心或强烈的情感而变得紧绷时，意识似乎就置身其中。意识遍布于这充满了蓬勃朝气和青春活力、每根肌肉纤维和神经都充斥着热情的身躯之中。难怪古人把灵魂定位于时而在心脏、时而在大脑的松果体、时而遍布全身！

意识通过神经系统运作——最新科学研究表明，意识存在于神经系统中，并通过神经系统起作用，而神经系统的中枢位于大脑。意识之所以遍布于身体各处是因为神经系统蔓延到了全身，将视觉、听觉或触觉的信息传递到大脑，大脑产生该动作的回应指令，即让双脚舞动，或使手指感到刺痛，之后还有更多的回应指令。

意识和身体的这种联系十分密切。精神是如何栖息在物质之中的我们不得而知，但是，可以肯定的是它们彼此之间相互作用。阻止其中之一，就会妨碍另一方；相反，支持其一，则二者都获益。随着我们研究的深入，关于其合作方法和支配准则的研究也会相应发展。

5. 观察与反思的问题

人们应该牢记，心理学本质上是实验性科学，而非仅存在于书本上的学科。实验素材可以在自己或周围人身上找到。即使已经完全掌握了书本上的理论知识，其结论还是应该通过参考自身经历以及对他人的观察进行验证。尤其是准教师们应该经常把书本内容与对孩子在学校表现的观察相联系。若是掌握了观察和反思的要领，将会大大有利于提高心理学理论和实际应用。

(1)想想你上次离开时家的样子。你能否清晰地回想起它的外观，外面油漆的颜色，屋顶熟悉的形状，以及其他一切？你能回忆起旧抽屉里的香水味，最喜欢的菜的味道，以及告别时熟悉的声音吗？

(2)你观察过什么样的人，那一刻他的心理活动看似以什么为主：是思考(知识过程)、情动(感知过程)、抉择，还是自我强迫(意愿过程)？

(3)当你说你记得昨天发生的一件事时，你是如何想起的？也就是说，你是否在脑海中看到了事情的本质，并且再次听到事情发生时的声音，或再次感知到了事情发生时的动作？你是否可以再次体验当时的情感？

(4)什么样的表达方式最能展露思想，什么最能揭露情感？(也就是说，你能从孩子脸上的表情看出他在想什么吗？你能从他的脸上看出他是不是生气、害怕、悲伤吗？语言在表达感情时与表达思想时同样是必要的吗？)

(5)在接下来的二十四小时内不时尝试思维上的转变，看看你是否能够在自己思考、感觉及意愿转变时注意到它。

(6)当我们入睡时，心智或意识是什么样的？我们如何才能在预定时间内醒来？一个人的脑子里真的会一片空白吗？

(7)你有没有注意过一些特别擅长表达的孩子呢？你留意过不善言辞的孩子吗？如果留意过，那么二者的表达形式又是怎样的呢？

(8)你有没有观察过无法理解的表达方式呢？（请记住，“表达”包括任何形式的身体动作、声音、语言、面部表情、手势等。）

第二章 注 意 力

你的思维能力有多强？你的思维能力和掌控力效力又如何？对这些问题的回答，与其说是取决于你的天赋，不如说是取决于你运用注意力的技巧。

1. 注意力的本质

正是通过注意力，我们才把精神能量集中在思考关键和重要的点上。在上一章中，我们看到意识并非均匀分布于整个领域，而是“堆积起来”的。意识时而在这个思维对象上，时而又在那个上，这要由兴趣或需求来决定。集中在一个思维对象上的心智能量就是注意力。

注意力的本质——每个人都知道何为专注。引人入胜的故事会让我们难以自拔，而游戏中的关键点，有趣的演讲，富有亮点的谈话等都会引起我们的注意。因此，当我们心智能量完全集中于此时，会无暇顾及其他事情，这就使我们对发生在自己身边的事一无所知。

我们同样熟悉另外一种注意力。因为我们都读过枯燥的故事，看过冗长的比赛，听过拖拉的演讲，也参加过无聊的谈话。我们关注了这些事情，但也仅仅只是关注。我们似乎把精力集中于除手头之外的任何其他事情上了。花花世界吸引了我们，而这时就需要有外力介入来收回我们的注意力。当我们的注意力重新回到思考的问题上时，我们会感觉到摇摆不定的思绪重新平复了。

正常意识总处于注意力集中状态下——正是这种精神上的努力，使自己从前一个思维对象身上解脱出来而转向另一个吸引自己注意力的对象上。我们意识领域中的某些东西总在吸引我们的注意力，而专注于一件事总是要摆脱许多其他吸引我们的东西。因此，我们可以说，注意力不断地在意识流中选择那些需要强调和考虑的方面。它时刻决定着我们的注意力应集中于哪个点上。

2. 注意力的功效

注意力使其目标变得清晰明确——无论注意力集中在什么上，它在意识上都非常清晰。无论是一丝记忆、一座“空中城堡”、一颗牙疼的感觉，抑或是一个数学公式的推理、我们正做出的选择，还是情感的设定，等等——无论我们关注的对象是什么，那个对象都会被照亮，并从其同伴中脱颖而出，就像注意力集中在头脑中一个突出的东西上一样。仿佛用探照灯在满是建筑的城市中挑选了其中一栋建筑物，然后照亮它，其余的建筑物只能留在半光或黑暗中。

注意力衡量精神效率——在一种注意力状态下，心智就像是太阳光通过凸透镜而发出的光线。你可以让所有透过玻璃窗的射线连续地落在桌面的纸上，却看不到明显的效果。但是，让等量阳光穿过凸透镜，并且让其汇聚于等同于你铅笔尖大小的一点上，纸就会立刻燃烧起来。扩散射线在几小时或几年内都做不到的事情现在几秒钟就完成了。同样，心智也可以扩散。有许多目标可以完成，但真正可以完成的只是极少一部分。我们可以坐下来，在一页书中或一个问题上虚度一个小时或一天的光阴，却一无所获。让我们从胡思乱想中振作起来，并“全力以赴”，把思维从除此以外的一切事情中抽离出来，将注意力全部集中于此。现在可以在几分钟内完成过去几小时才能完成的工作量。以前根本无法完成的事情现在也成为可能。

心智又可以被比作蒸汽机，这种蒸汽机是在一定的蒸汽压力下运转的，比如说，在锅炉表面每平方厘米有 150 牛的压力。我曾经用过这样的发动机。我还清楚地记得，在我早年的学徒生涯中，有一天早晨，工头要求我给一些较轻的机械提供动力，而我的蒸汽表的读数只有 75 牛。“当然！”我想，“如果 150 牛就能运行所有这些机器，那么 75 牛就能运行其中的一半。”但是这台强大的发动机除了转动自己的轮子外，什么也做不了，它无法完成本身职责。直到压力上升到 100 牛以上，发动机才能完成处于 150 牛压力下的一半工作。我们的心智也是如此。如果要在一定专注力下最好地完成工作，那么便不可能在给定的时间内用一半注意力去完成一半的工作。此外，还会有更多只能在满载的压力下才能完成的工作。随着注意力在算术比率上的增加，思维效率会以几何效率提高，这一说法并非夸大事实。在很大程度上，注意力的集中与否决定了一个人是成为思想和成就的大师，还是成为谦逊的追随者。我们经常听到有人说“天才不过是持之以恒”，这种说法恰如其分。

3. 我们如何专注

有人说，如果我们的注意力训练得当，就应该能“不眨眼地观察针尖半个小时”。但这是对注意力的一个错误想法。观察针尖半个小时的能力可能显示出非常值得称道的专注力，但这个过程不会使我们对针尖有所了解，反而会使我们进入催眠状态。对任何一个物体的自愿关注只能维持很短的时间，最多几秒钟而已。重要的是，关注的对象会改变，我们要不断翻来覆去地观察它，并考虑它的各个方面及其关系。因此，持续的、自愿的专注是不断努力的重复，目的是使人重新想起这个物体。然后这个物体会发展壮大——它是鲜活的，而不是死的。

关注相关行为——当我们专注于一个思维对象时，并不意味着意识茫然地坐在那里凝视着这个对象，而是意识把它当作一个思维的核心，并思考这个事物与其他相关事物之间的关系。就像在解一些数学题时，其核心即为答案所依据的原理，在这种情况下，集中思考与这一基本原理有关的问题的各种条件。在图 2－1 中，让 *A* 成为某些思维对象的核心，比如图片中的一朵云，而设 *a*、*b*、*c*、*d* 等为云的相关事实，或云的形状、大小、颜色等。箭头表示我们的思维从云到相关事实、从相关事实到云，或从相关事实到相关事实。只要这些相关的事实每次都指向云，只要我们关注云并对它进行思考。当思维无法回溯时，我们就会在注意力中"徘徊"。然后我们不看与云有关的 *a*、*b*、*c*、*d* 等，而是转至 *x*、*y* 和 *z*，之后注意力就不知所踪了。

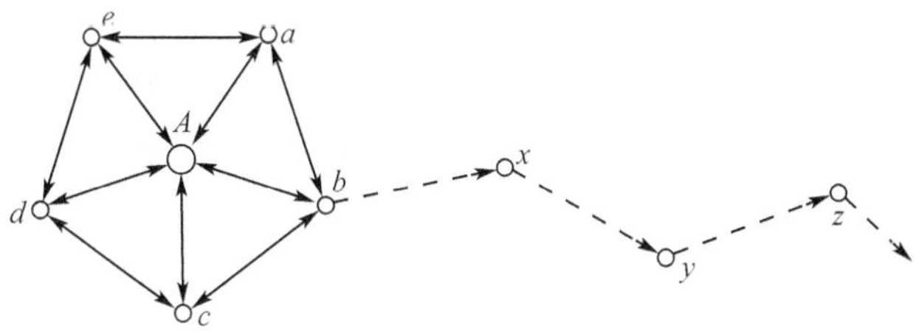

图 2－1

注意力的节律——注意力在节律中起作用。这就是说，在相当长的时间内，注意力从不保持恒定的浓度，而是有规律性地增加或减少。若对这种有节律的动作进行解释，未免离题太远了。然而，我们应当记住，我们的整个机体是在一个巨大的节律系统中运作的——饥饿、口渴、睡眠、疲劳，等等——很容易看出，同样的规律也适用于注意力。注意力的节律变化很大，对于某些简单的感觉来说，这种波动往往相隔几秒钟，而对于更加复杂的思维过程来说，这种波动间隔时间更久。远处瀑布的声音，现在时而响亮、时而微弱，这种变化表面上看是由注意力的节律引起的，并且我们很容易去测量这种特殊感觉的节律。

4. 注意力的失败之处

缺乏注意力——注意力缺乏有两种主要类型，每个人都会深受其害。首先，我们可能正在思考正确的事情，但却未考虑周全。我们缺乏心理压力。与手头主题无关的杂念也许不会给我们带来太多麻烦，但是我们不会耗费精力去处理手头主题。我们意识流程中的水流流动得太慢了。在成功之前，我们没有把所有的精神力量聚集起来。我们的思维可能高度集中,但是它们却不能被"点燃"。这就像是在日食来临时聚焦太阳光线,由于缺乏能量,以至于在透过凸透镜,连纸都不会点燃。这种关注意味着精神上的懒散,也意味着效率低下。对个人来说,它意味着在人生的战斗中失败;对一个国家而言,这代表着平庸和停滞。

一位大学教授对他努力的但准备不足的学生说:"年轻人,从你疲惫不堪的外表来看,你花在学习上的时间比平时多了一倍。"在这一表扬下,班上的学生明显地活跃起来了。"但是,"教授接着说,"从你的准备情况来看,事倍功半。"

该学生很兴奋,他上课时变得精神饱满,精力充沛,能够专心学习,但一小时的专心学习便会让他筋疲力尽,浑身无力。对他而言,这是一个小时的胜利,无论他在这段时间里完成了什么或是什么都没有完成。他可以偶尔休息一下,因为困难总会很快解决。他拥有了一个成功的秘诀。

其次,我们可能有很好的精神状态,能够努力高效地思考任何一件事,但是缺乏线性思考的能力。我们称之为精神流浪。每个偶然出现的想法都是"镜花水月",把我们带离手头的问题,进入与之无关的思路。当他才开始认真思考某个问题时,仅仅过了一会儿,他就会惊奇地发现自己早已远离了开始时的问题!或者他还没有读完一页,却翻到了下一页,这时才发现对前一页的内容一无所知。他的思绪已经游走了,只剩眼睛在浏览而已!我们应该不拘泥于主题的 a、b、c、d 等,把它们都与 A 联系起来,从而得出问题的解决方案,而我们通常是一下子跳到 x、y、z,发现自己已经远远偏离了解决问题的所有可能性。我们可能对 x、y、z 抱有美好的想法,但它们与任何特定的事物无关,所以它们与我们擦身而过,消失在遗忘中,因为它们不依附于任何永久的东西。

这样的思想者受环境支配,盲目地跟随一连串思想的引领。这些思想是他的主人,而不是他的仆人,可以引导他到任何地方,既不需要他的允许也不受他的阻碍。他的意识移动得飞快,有足够的力量,但它就像一艘没有舵的船。从 a、b、c、d 到智力港口 A,他终于在礁石 x、y、z 上迷失,再也没能到达港口。幸运的是,他能排除闯入的杂念并进行思考。即使资质平庸,他也可以依靠自己的思考比聪明的思想家取得更多的成就,因为思想家总是被一些杂念所打扰,而这些杂念则会在他的脑海里溜走。

5. 注意力的类型

注意力的三种类型——注意力可以通过三种方式来得到保证:(1)它是由某种突然的或强烈的感官刺激或坚持的想法所要求的;(2)它遵循兴趣;(3)它是由意志驱使的。

如果其以第一种方式出现,如雷声或闪电,或由于某些未经深思熟虑的想法持续尝试以确保注意力进入大脑，则被称为非自愿的注意力。相比之下，这种注意力在我们的精神生活中微不足道，我们不会进一步探究。如果注意力以第二种方式出现，跟随兴趣而来，它就被称为非随意的注意力。如是第三种情况，注意力受意志的驱使，则称之为自愿或主动的注意力。非自愿的注意力存在于意识之外的某些对象中，或是在跟随一种不受控的使我们产生兴趣的思想流；自愿的注意力是从内部控制的——我们决定我们应该关注什么，而不是让有趣的思想对象为我们做决定。

兴趣和非随意的注意力——在非随意的注意力中，环境很大程度上决定了我们要关注什么。我们所要做的就是引导这种注意力发展出特定的兴趣领域，然后让有趣的事情吸引我们的注意力。只要我们给予非随意的关注，我们看见、听到、摸到、品尝到和嗅到的东西，我们喜欢的，我们做的事情和希望做的事情，都是我们精神生活中的决定性因素。我们关注的是这些事物对我们的吸引，就像磁铁对针的吸引一样。不是要努力地去关注它们，而是努力避免注意它们。很多人都不记得以前读过的一个故事或是一本禁书。它是如此有趣，以至于当妈妈叫我们下楼去做什么事的时候，我们回答说："好的，马上来。"然后继续阅读！在那一刻我们根本停不下来。直到十分钟后，妈妈再一次大喊，我们吓了一跳。"好的，来了！"我们又翻了一页，然后再次沉醉在书中。最后，妈妈第三次呼唤的语气已经丧失了耐心，以至于不能再无视了，我们放下书本，但翻到刚才阅读的地方，希望很快可以进一步解开这个令人好奇的谜题。这是不是表明我们在认真读书呢？啊，不！是我们的意志和母亲的权威的合力才把我们的注意力拉开。这是非随意的注意力。

因此，注意力只遵循自然法则，遵循最小阻力线。迄今为止，我们大部分的注意力都是这种类型的。当我们没有努力或强迫我们停止思考某件事，但又再次开始思考这件事的时候，思考常常会一小时又一个小时地进行。事实上，人们可能怀疑这种情况，对某些人来说不是一次思考几天，而是几个小时。日有所思，夜有所梦；心智的性质取决于我们兴趣的性质。正是由于这个事实，如果我们的思想要属于这种类型的话，我们的兴趣必须是广泛且单纯的。这是不够的，我们有能力驱使我们的心智远离寻求进入的错误或不纯的思想。要想像警察一样守卫我们的思想，确保没有闲思杂念进入，需要花费太多的时间和精力。如果我们要摆脱它们的掌控，我们的兴趣就必须具有这样一种性质，使我们远离没有意义的思考领域。

意志与自愿注意力——在自愿注意力中，意志与兴趣、意志与精神惰性或懒惰之间存在冲突，只有克服冲突，我们才能集中精力去思考。兴趣说："沿着这条路走，这条路简单又吸引人，几乎不费力——沿着阻力最小的路走。"意志说："别再游手好闲了，来选这条困难的却能直达的路——别选阻力最小的，要走阻力最大的路。”当“白日梦”和“空想”试图引诱你放弃功课时，千万别信；把这些靠不住的想法拒之门外，坚持学下去。当智力惰性使你的思想枯萎并堵塞你的智力流时，把它摒弃，并竭尽全力继续努力。如果错误的思想想要进入你的心智，试图关闭并锁住你的心灵之门；如果欲望的思想试图驱除责任感，就要勇于坚持，坚持责任感和正确的道路。简而言之，要明白你是自己思想的主人，不要让思想总是在未经你同意的情况下被外界影响。

正是在这一点上，意志坚强者将会胜利，意志软弱者将会被打败。在拥有控制思想的能力和无法控制思想之间，存在着正确行为和错误行为的区别：在抵挡诱惑和向诱惑屈服之间，在有目标、努力的生活和没有目标、没有效率的生活之间，在成功和失败之间，我们按照自己的想法行事。假设你面前有两条分别由 A 和 B 表示的思路：A 路线上行动艰难且辛苦，但却是成功和完成使命的必经之路；B 路线轻松愉快，但对成功或使命完成有致命影响。你会选择哪一条路线呢？——曲折的履约之路还是轻松的安逸之路呢？答案几乎完全取决于你的专注力。如果你的意志足够强大，可以把你的想法从致命但有吸引力的 B 中脱离出来，坚决地把意志力放在不具有吸引力的 A 上，那么 A 就会决定你的行动方针，你就会努力聆听和响应责任的召唤；但如果你的思想摆脱了意志的支配，只接受兴趣的召唤，那么 B 就会支配你的行动，你就会接受安逸和快乐的引导。因为我们的行动最终是由我们所思考的事情所决定的。

完全不同的注意力——然而，从上述内容来看，尽管我们不能理解，但是注意力的种类确实是不同的。所有注意力都代表意识的一个活跃或动态阶段，区别在于我们关注的方式：它是被突然的刺激所决定的，是被有趣的物体吸引毫不费力地就从我们身边拐走的，还是被意志的力量所驱使而抛弃了更有趣的东西，转向我们所指示的方向。

6. 提高注意力

毫无疑问，虽然注意力部分源自天赋，但是可能没有比注意力更容易训练的精神力量了。就像身体和精神的每种力量一样，注意力发展的秘诀就在于它的使用。简单地说，训练注意力的唯一方法就是集中注意力，再多的理论和解决办法也代替不了实践。

使不同类型的注意力相互强化——非自愿注意和自愿注意之间存在着密不可分且相互依存的关系。纯粹靠意志力是不可能把我们的注意力集中在我们永远提不起兴趣的事物上的；同样地，盲目地追随我们的兴趣和欲望最终会使我们的生活一塌糊涂。每种注意力都必须相互支持和强化。对于我们非常感兴趣的课程、讲座和书籍，我们会非强迫地、轻松地去接受，在其他条件相同的情况下，我们会从中收获最多,记得最好、最久。另一方面,有时课程、讲座、书籍,以及许多其他的东西,它们并不是特别有趣,但我们还是会把注意力放到它们上面。在这一点上,意志必须介入并接受指令。如果它没有这样做的力量,那么它就会陷入软弱的意志中,因此应该逐步发展注意力本身。我们要通过"每天一点点锻炼来保持我们努力的习惯"。我们要在日常生活和经历的点点滴滴上成为勇者,不会因为工作困难或辛苦而退缩。之后,当考验来临时,我们不会胆怯,毫无经验,而是能够经受住强大的考验。

注意力的习惯——最后,训练注意力的主要任务之一是形成专注的习惯。这种习惯只有在适当的时间、适当的地点才会养成。比如,在工作时、在游戏时、在钓鱼时、在备考时、在追求爱人时、在读书时。课程、讲座,这些可能都不是很有趣;但是,如果它们必须得到我们的关注,我们的原则应该是完全地、绝对地注意它们。注意力不应断断续续,时而飘忽不定,时而猛地向后一闪,而应每时每刻都要专注。那些有意这样做的人往往会发现枯燥乏味的工作会变得有趣;但即使它永远不会变得有趣,他至少正在形成一种习惯,这对他的一生来说是非常宝贵的。另外,如果一个人只有在他感兴趣的时候才去注意,或他从不努力去引起别人的注意,那么他就会形成一种习惯,这种习惯会成为他思想的祸根,直到他的思想之流结束。

7. 观察与反思的问题

1. 哪种注意力更使你疲惫不堪,是自愿的注意力还是非自愿的注意力？哪种能保持更长的时间？哪种更令人愉快和赞许？在哪种情况下你能达成更多目标？这些事实对教学有什么影响？

2. 试着在一到两分钟内跟随你意识中的"波动",然后描述你注意力的轨迹。

3. 你是否注意到一个班级注意力集中,而另一个班级毫无生气、漫不经心？你能解释一下这种差异背后的原因吗？估算一下在这两种状态下大概能完成的工作量。

4. 你在教室里观察到哪些干扰会分散注意力？

5. 你见过学生因为缺乏变化、纯净的空气、老师的热情,或因疲劳、健康状况不佳而注意力不集中吗？

6. 你是否注意到不同学生注意力的习惯有所不同？你是否注意到整个学校或整间教室里有相同情况？

7. 你知道做"白日梦"太多的孩子吗？

8. 你见过老师敲打桌子以引起注意吗？什么类型的注意力得到了保证？这些行为奏效了吗？

9. 你是否注意到由于老师的原因导致学生注意力不集中的例子？如果有，那么老师错在哪里？有补救办法吗？

10. 参观一个班级或者观摩学生的复习课，然后写下你观察到的注意力类型和注意力程度。试着去解释这些会导致注意力分散的因素，以及解释注意力集中所显示的案例。

第三章　大脑和神经系统

聪明的大脑或者敏锐的心智，这些术语经常互换使用，就好像它们代表着同样的事物一样。然而，大脑是物质实体——拥有众多细胞和纤维，其中一个浆状原生质团重约三磅①，由头骨保护，与外界隔绝。心智属于精神层面，是我们思考、感觉和产生意志过程的总和，掌控我们的世界并主宰我们的命运。

1. 心智和大脑的关系

心智和大脑的相互作用——那么，这两个截然不同的事物——心智和大脑——在我们的言语中是如何关联的呢？为什么这些术语可以这样互换？这是因为心智和大脑在工作过程中是息息相关、密不可分的。没有思想的活动、没有一点感知、没有记忆、没有感觉、没有决定的行为，而是伴随着它在大脑细胞中的特殊活动。这就是心理学家所说的，精神病都有其相对应的神经症。

那么，就我们目前的情况而言，除了通过大脑，没有任何心智能够独立运作。没有心智的大脑只不过是一潭死水、一堆烂泥。心智和大脑是完美地相互适应的，这绝不是偶然。因为在人类的历史中，这二者通过相互配合，彼此成长并发展成其当前的效率状态。任何一方都有助于另一方的形成并决定其特性。这种说法不仅适用于进化过程中的种族，也适用于每个从幼年到成年过程的个体。

大脑是心智的机器——在第一章中我们了解了心智不是由大脑创造的，但是心智是通过大脑工作的。就像没有人能相信大脑像肝脏分泌胆汁一样创造心智，也没有人能相信它能消除心智。事实上，它们之间的确切关系还未明确。然而，很容易看出，如果心智必须将大脑作为设备并通过它进行工作，那么心智必将受到设备的限制，或者换句话说，心智不会比它所利用的大脑更出色。发育不良或营养不足的大脑和神经系统意味着心理过程效率低下，正如一个构造不良或调节不当的电动机意味着在将电流施加到其上时不能工作一样。那么，我们把心智和大脑看作彼此的对应物，每个都执行与彼此的活动相对应的活动，两者不可分割地结合在一起，并且通过彼此的结合而获得意义。这一观点将有助于

---

① 1 磅 = 0.45 千克。——译者注

对大脑和神经系统的简要研究。

2. 心智对外部世界的依赖

但是,我们能否首先看看大脑和神经系统通常是如何与我们的思维联系在一起的呢? 让我们回到起点,想一下婴儿第一次睁开眼睛看到新世界的情景。他在想什么? 他是怎么想的? 他没有任何概念。想象一下,如果一个人天生听不见,看不到,没有触觉、味觉或嗅觉会是什么样的? 让这样的人生活一年、五年、一辈子,他会知道什么? 他脑子里会有什么样的智慧? 他会想什么? 他的眼前一片黑暗,耳朵里一片寂静,嘴巴索然无味,鼻孔嗅不出任何味道,皮肤没有知觉。他的心智一片空白,他不会有心智,他无法开始思考,他无法开始行动。比起那些在海浪和潮汐中漂浮、没有力量为自己领航的微小生物,他属于更低层次的生命。他将是一个没有感官或智力的惰性肉体。

出生时的心智——这是婴儿出生时的状态。婴儿出生时几乎是又聋又瞎,没有特定的味觉或嗅觉。生来就没有什么可想的,也没有办法得到任何可想的,直到感官觉醒,提供来自外部世界的一些素材。每个孩子生来就有健全的肌肉和神经机制,随时准备进行无数复杂的手臂和腿部运动,如果没有来自感官的信息的话,他们不可能成功地开始这些活动。出生时,孩子可能只有触觉和感知温度的感觉,而且对任何程度都清晰可辨;味觉很快就会随之出现;几天之内就会出现尚未健全的视觉;听觉也差不多在这个时候出现,嗅觉出现的时间稍晚。感官觉醒了并开始与外界交流。图 3 - 1 所示为人类脊髓的一个神经元。

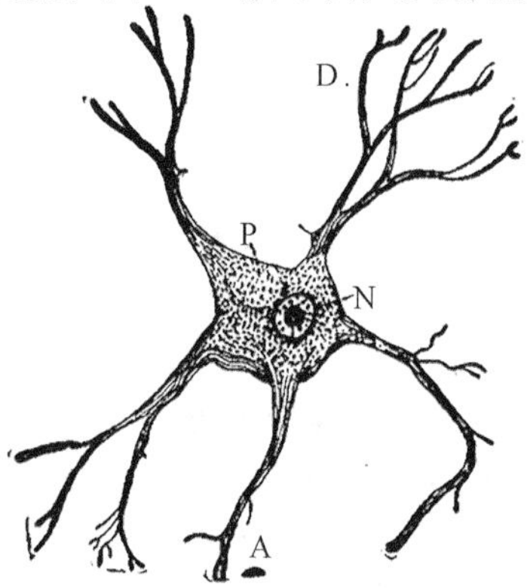

图 3 - 1　人类脊髓的一个神经元

注:中央部分代表细胞体。N 代表细胞核;P 代表色斑;D 代表树突或相对短的纤维,它可以自由地分枝;A 代表轴突或长纤维,其分枝很少。

感官的工作——感官需要解决什么问题？一方面，大千世界有声有色，我们能接触到各种事物，这是我们生活的物质世界；另一方面，小而不成形的灰白色浆物质称为大脑，其无法维持自己的形状，封闭在黑暗的头骨中，没有与外界接触的可能性，除了通过感官，没有与外界交流的手段。然而，这个由外界事物组成的宇宙必须与看似微不足道但实际上奇妙无比的大脑进行交流，否则心智永远不可能存在。在这里我们发现，如果想要理解心智的形成过程，首先需要研究两个重要因素——外在的物质世界和内在的大脑。因为这二者的活动和相互作用是心智发展的基础。让我们先仔细研究一下大脑和与之相伴的神经系统。

3. 神经系统的结构要素

神经系统只包含一个基本的结构单元，即神经元，掌握这一点将有助于理解神经系统的结构和工作。就像房子是用砖块砌起来的一样，大脑、脊髓、神经和感觉器官也是由无数的神经元结合而成的（图3－2）。

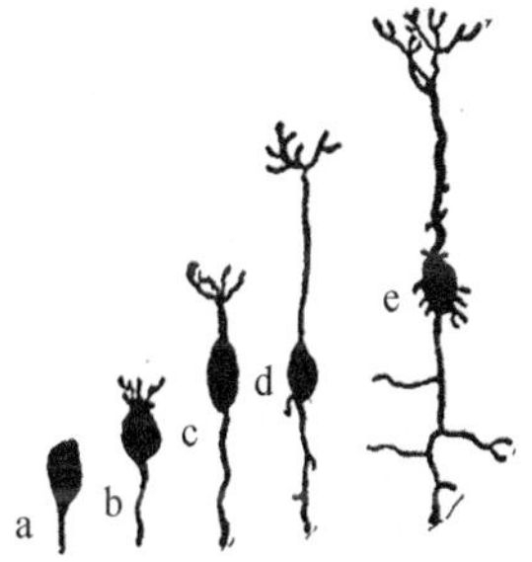

图3－2　神经元处于从a到e不同的发育阶段

（在a阶段，仅存在初级细胞体；在c中，树突向上突出，轴突向下突出。来源：唐纳森）

神经元——那么，神经元到底是什么呢？它的结构、功能怎样？它如何工作呢？神经元是一种原生质细胞，它的纤维会不断生长。神经元的细胞部分有多种形状，有三角形、锥形、圆柱形和不规则形。细胞的大小直径为1.13～15.7微米不等。一般认为，细胞的功能是产生神经能量，负责我们的意识——即知觉、记忆、推理、感受和其他一切，以及我们的运动。细胞也为纤维提供营养（图3－3）。

神经纤维——神经纤维有两种：树突和轴突。树突的直径相对较大，像树枝一样自由分枝，从母细胞延伸的距离相对较短。轴突纤细，分枝少，大致呈直角。轴突从细胞体延伸的距离比树突长得多。神经元的长度变化很大。其中一些在脊髓和大脑中长度不超过2.1毫米，而另一些从四肢延伸到脊髓的则长达1米多。树突和轴突的直径都很小，必须借助显微镜才能观察到。

图3-3　神经元纤维

（厚边界代表髓质或包被鞘，在大纤维中它会变得更厚。来源：唐纳森）

神经胶质——神经胶质源自简单的结构元素——神经元，其构成了整个神经系统。的确，神经细胞是固定的，也许是由一种叫作神经胶质的软水泥隔离的。但这似乎没有严格意义上的神经功能。构成大脑、脊髓和周围神经系统所需的，在显微镜下显示出的神经元的数量远远超出了我们的想象。据计算，大脑和脊髓含有约30亿个神经元。

大脑的复杂性——斯特拉顿教授设想，如果我们要制作人类大脑的模型，且使用肉眼可见范围内最小的神经元模型线，为了使所有模型线都有空间放置，那些模型基本需要与城市街区一样大的空间，而且还要足够高才行。想象一下，一个如此复杂的电话系统竟在一个交换机上运行！

灰质和白质——大脑和脊髓的灰质是由神经细胞及其树突和轴突末梢构成的，轴突末梢从相邻的白质延伸入大脑。灰质团的一部分还包括包围神经细胞和纤维的神经胶质和血管网络。中枢系统的白质主要由轴突及其包裹物质或髓质、鞘和神经胶质组成。白质不含神经细胞或树突。髓鞘存在于白质团块中。灰质和白质颜色的差异主要是由于在灰质团块中缺少髓鞘，髓鞘是白色的，因此显露出神经线的灰白色。

4. 神经系统的整体结构

神经系统的划分——神经系统被划分为两个部分：(1)由大脑和脊髓组成的中枢神经系统；(2)由感觉和运动神经元组成的周围神经系统，这些感觉和运动神经元将外围和内部器官与中枢神经系统和专门的感觉末端器官连接起来。交感神经系统是连接脊椎外侧感觉神经和运动神经根的双链神经连接链，它似乎与意识没有直接关系，因此这里不再讨论。对神经系统的简短描述将帮助我们更好地理解它的各个部分是如何以一种如此美妙的方式一起工作，从而实现其强大功能的。

中枢神经系统——在大脑中，我们很容易区分出三个主要的部分，即大脑、小脑 和延髓。延髓是脊髓与大脑相连的增大的部分。它大约有3.12厘米长，由有髓神经纤维和无髓神经纤维组成，既有白质，也有灰质。在髓质中，组成脊髓中心的未髓质神经元向外延伸，髓质向内延伸，从而占据其在大脑中所处的位置。神经元也在此交叉，使得那些通过脊髓右侧的神经元最终与大脑左侧相连，反之亦然。

小脑——位于髓质后部和大脑基底后部的就是小脑，大约和拳头一样大，由白质和灰质复杂排列而成。来自脊髓的纤维延伸入这个质团，其他的纤维出现并传入大脑，同时小脑的两半也通过交叉纤维相互连接。

大脑——大脑从前到后占据颅骨的整个上部。它被对称地分成左右两个脑半球。脑半球通过胼胝体连在一起。每个脑半球都有褶皱和沟回，这样的结构使得灰质在其表面有了更大的分布空间。除了这些不规则表面外，每个半球还具有两个深裂，即中央沟，从半球中上部向下和向前延伸，在耳朵稍前方经过，并与耳朵上部平齐；外侧裂，始于大脑底部，略微经过耳朵前面，与半球底部成锐角向上和向后延伸（图 3－4）。

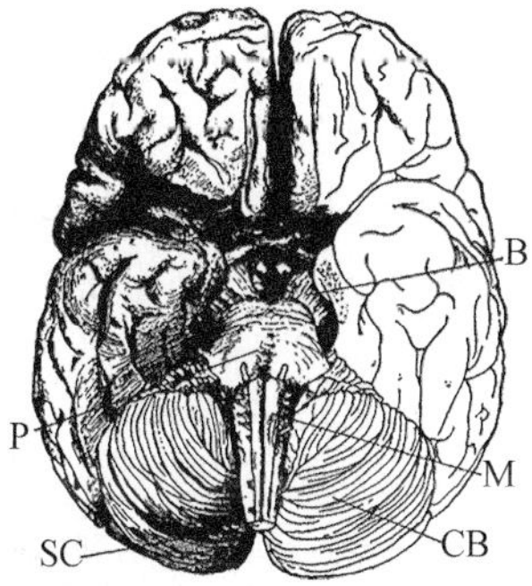

B—下肢基底；P—脑桥；M—延髓；
CB—小脑；SC—脊髓。

图 3－4　大脑下侧视图

每个脑半球的表面可以被视为四个叶：额叶，包括半球的前部，以及延伸到中央沟并向下延伸到外侧裂缝的部分；顶叶，位于中央沟的后部，外侧裂的上方，并延伸到枕叶；枕叶，包括大脑半球的最后部；颞叶，位于大脑外侧裂的下方，并延伸至枕叶。

大脑皮层——与脊髓中的灰质不同，大脑半球的灰质位于其表面。大脑的这个灰色的外表部分叫作皮层，厚度 2.1～3.2 毫米。大脑皮层是所有意识和自主运动控制的中枢。

脊髓——脊髓通过脊柱椎管内为其提供的通道从大脑底部向下延伸大约 45.7 毫米。它由外部的白质和内部的灰质组成。前侧的深裂和后侧的深裂几乎把脊髓劈成两半，在这一点上类似于大脑。其内部的灰质呈两个新月形，由一个窄条连接。如图 3－5 所示。

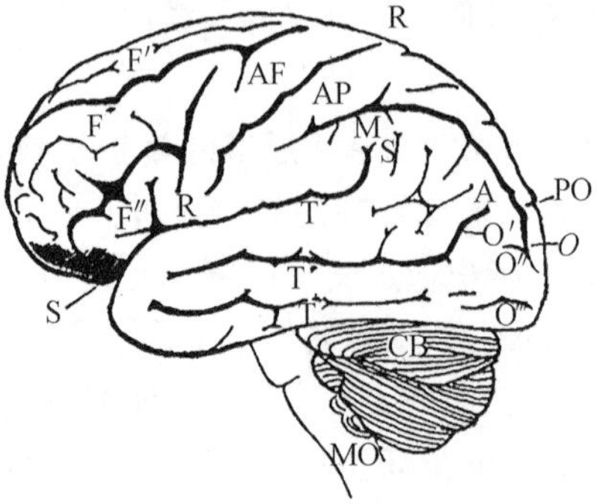

图 3－5　大脑侧视图，显示小脑（CB）和延髓（MO）

注：F′、F″、F‴分别位于第一、第二和第三额叶上；AF 位于上额叶上；AP 位于上顶叶上；M 位于边缘上；A 位于角上。T′、T″、T‴分别位于第一、第二和第三个颞叶上。R—R 为中央沟；S—S 为外侧裂；PO 为顶枕沟。

外围神经系统由 31 对终末器官从脊髓分支出来的神经和 12 对根部在大脑中的神经共同组成。这 43 对神经的分枝延伸到周身的每个部分和所有的内脏器官。

图 3－6 所示为来自颈部的脊髓切片和脊神经根的不同部分。

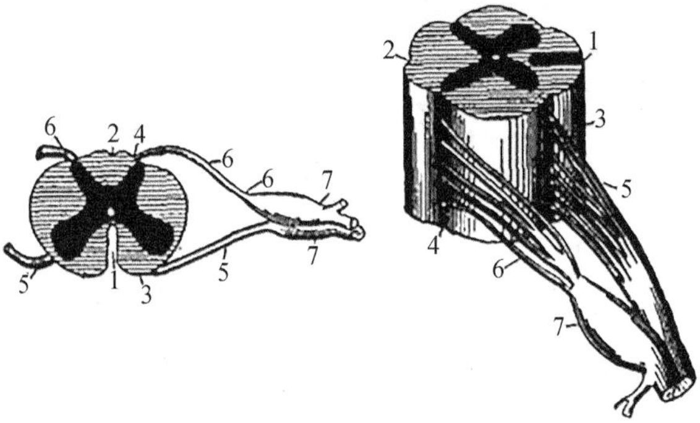

1—前正中裂的不同视图；2—后裂；3—前根的前外侧凹陷；
4—后根的后外侧凹陷；5，6—前、后根；7—完整的脊神经，由前、后根联合形成。

图 3－6　来自颈部的脊髓切片和脊神经根的不同部分

神经由一束神经纤维组成，每束神经纤维都包裹在其髓鞘和雪旺氏鞘中。围绕这束神经的神经元，也就是神经的周围，还有一个银白色的包裹物，叫作神经膜。构成神经的纤维数量为 5 000～100 000。在一块瘦牛肉中，或者在一个人严重割伤的伤口边缘，都能很容易地识别出神经。

构成传感神经根的传感纤维束通过身体背部脊椎内的孔进入脊髓。和运动神经根形式类似的运动纤维束从相同类型的脊髓中伸出。这两条神经从脊髓出来后不久,就被包裹在同一个鞘中,然后以这种方式进入身体,在那里,传感神经通常终止于一个专门的末端器官,这个末端器官适合于响应来自外部环境的某些刺激。运动神经终止于支配它的肌肉器官中的细丝。传感神经和运动神经都与脊髓中的同类纤维相连,这些纤维又依次与大脑皮层相连,从而使周围的每部分与大脑皮层直接相连(图 3-7、图 3-8)。

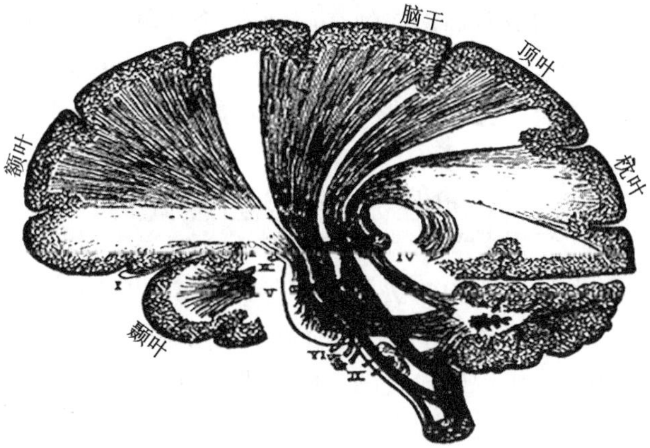

图 3-7　大脑的投射纤维

注:Ⅰ~Ⅸ为前九对颅神经。

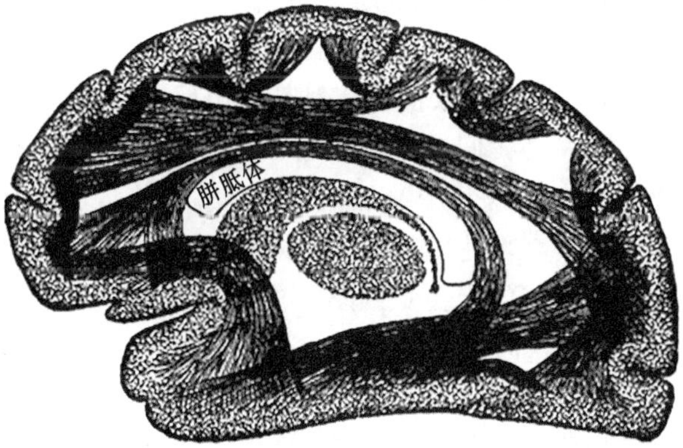

图 3-8　示意图显示连接皮层中心的联合纤维

(来源:詹姆斯和斯塔)

传感神经的末端器官拥有神经簇,其中一些结构比较简单,比如舌头的味蕾;而另一些,如眼睛或耳朵的神经簇就非常复杂。它们有自身的独特性,也就是说,每个神经簇都适合自己的特定工作,且不能做其他的工作。因此,眼睛是视觉神经的末端器官,是一种由神经结构和折射介质组成的奇妙而复杂的结构,它的功能是对快速的光做出反应。耳朵的神经簇主要是听觉神经的特殊末梢,它能够对从空气中传到耳朵里的声波做出反应,从而产生听觉。触觉末端器官在指尖上得到最完美的体现,它有好几种,而且结构都非常复杂。每一种感官都是如此。每个特定的感官都有某种形式的末端器官,专门为了适应其传感所依赖的某种刺激,并对其做出反应,而且每个末端器官对其他的刺激都是毫无知觉的。就像电话听筒会回应我们声音的音调,但不会像电报机那样回应我们手指的触碰一样,反之亦然。因此,眼睛不受声音的影响,也不被光线触摸。然而,通过所有的感官相互配合,我们就能够以各式各样的方式与物质世界接触。

5. 神经系统的功能定位

劳动分工——如同工业中的法则一样,劳动分工也是有机世界中的法则。最低级的动物,如变形虫,没有独立的器官可以用来呼吸、消化、吸收、排泄等,而所有的功能都是由一个组织来执行的。而在更高级的生命形式中,每个器官不仅有它自己特定的工作,甚至在同一个器官中,每个部分都有它自己的特定功能。因此,我们已经知道,神经元的两个部分可能执行不同的功能:细胞产生能量,纤维传递能量。

那么在神经系统中,细胞物质本身存在劳动分工也就不足为怪了。例如,沿着神经间隔分布的小块神经节很可能是为了增强神经流,就像当地电报局的电池会从中央办公室增强电流一样。脊髓细胞物质和大脑低层部分有一个非常重要的工作需要完成,即从感官接收信息并对其做出反应,指导我们做出相对简单的反射行为和动作,这些是我们学会去执行而无须唤起意识的行为。通过这种方式,让思维摆脱这些琐事,去做更高层次的事情。大脑皮层的细胞物质发挥着最高级别的功能,正是因为通过其活动,我们才有了意识(图 3 -9)。

小脑灰质、髓质和脊髓可能会受到感官的影响,并以运动来回应其指令,但它们的反应在所有情况下都是自发的和无意识的。如果一个人的大脑半球受到伤害,以至于干扰了大脑皮层的活动,那他可能仍然可以继续做他生活中的大部分习惯性动作,但这些动作是机械的而非智能的。他缺乏所有较高层次的意识。正是通过大脑皮层这一薄层细胞物质的活动,我们的大脑才会运转;大脑皮层接收来自不同感官的刺激;这些知觉将会被人感知。在这里所有有意识指导的运动都有它们的起源。所有的思想、感觉和意志都在这里完成。

大脑皮层的劳动分工——神经系统的劳动分工也不会随着这项工作的分配而结束。大脑皮层本身基本上是作为一个整体来工作的,它是通过将紧张感从一个区域传递到另一个区域而起作用的,及时地给我们一种感知、指引一个行动、思考一个想法或感受一种情绪。功能的定位也适用于此。大脑皮层的某些区域主要用于感觉，一部分区域用于运动脉冲，其余的区域用于更高层次的思维活动，以这样的方式，大脑所有的这些区域都完美和谐地共同工作，相互加强，使其工作更有意义。大脑皮层的前部似乎专门负责高级思维活动；中央沟两侧的区域管控行为活动；后部和下部主导传感活动；所有这些活动都是通过大脑的联系纤维结合在一起共同工作的。

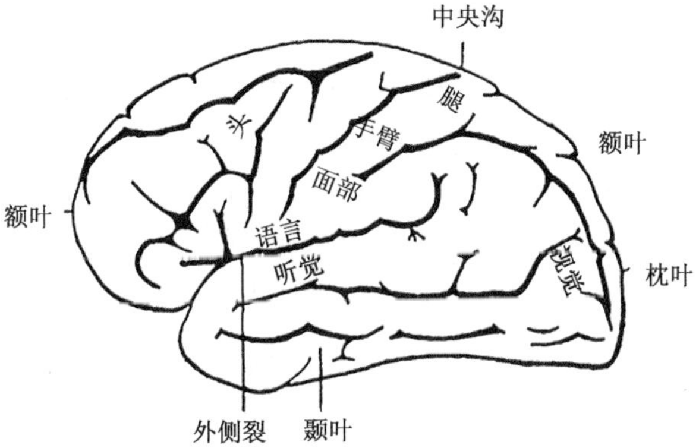

图 3－9　左脑侧视图（显示脑内主要的局部区域）

在高级思维活动情况下，不可能只是大脑皮层的部分额叶来思考、感受、表达意愿等，而是大脑皮层的整个额叶都与这些活动有关。然而，在运动和传感领域，情况有所不同，因为在这里还有进一步的劳动分工。例如，在运动区域，一个小区域似乎与头部的运动有关，一个与胳膊有关，一个与腿有关，一个与脸有关，另一个与语言器官有关；同样地，在感觉领域，一个区域负责视觉，一个负责听觉，一个负责味觉和嗅觉，另一个负责触觉等。然而，我们必须记住，这些区域的划分并不像国家的边界那样精确——大脑的任何部分都不完全局限于感觉神经或运动神经，也没有任何部分独立于大脑的其他部分。我们根据末端神经，或者根据该区域的主要功能来命名神经束。运动的定位似乎是最完美的。事实上，对猴子大脑的实验已经成功精确地绘制出运动区域，以至于像那些与一条特定的腿弯曲或拇指弯曲有关的小中心已经被定位。然而，大脑皮层的每个区域都通过数以万计的联系纤维连接在一起，使大脑能够作为一个整体一起工作，从而统一和协调我们的思想、情绪和行为。

6. 感官刺激的形式

接下来，我们来探究神经系统的这一机制是如何作用于我们，使我们产生知觉的。为了理解这一点,我们首先必须知道,所有形式的物质都是由不断运动的微小原子组成的,通过把这种运动传递给空气或围绕它们的以太①,它们不断地以微波的形式在空间中辐射能量。这些微波在某些情况下传递得非常快,而在另一些情况下相当缓慢。物质世界以微波的形式发出它的能量是在尽其所能使我们认识它。感觉神经的末梢器官能感知到这些能量,并且其构造必须能承受不断撞击它们的不同形式能量的影响。图 3 – 10 所示为单束光通过棱镜时的光漾。

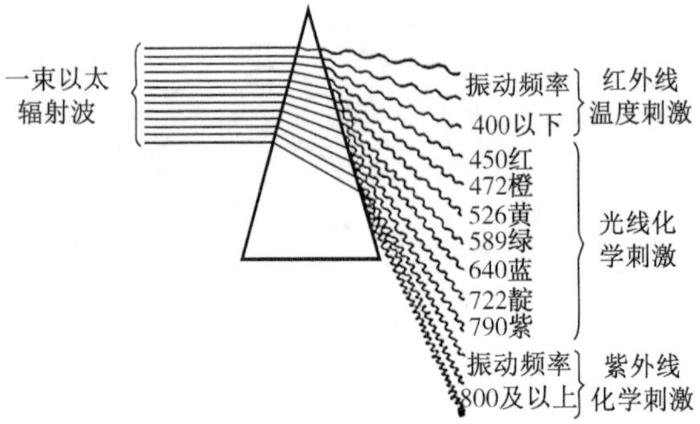

图 3 – 10　单束光通过棱镜

(右侧显示了振动速率与温度刺激、光刺激及化学刺激的关系。速率是给定的每秒十亿次。来源:威特莫)

末端器官及其对刺激的反应——因此,我们的主要光源,来自太阳的以太辐射,是如此之快,以至于在一秒钟内就有数十亿以太辐射进入我们的眼睛,而视网膜的神经细胞就具有这样一种性质,它的神经细胞被这些电波激活;这种脉冲通过视觉神经传递到大脑皮层的枕叶,从而产生了视觉。感知到的不同的颜色,从光谱中的红色到紫色,都是以太在冲击视网膜的波中的不同振动频率的结果;为了感知颜色,视网膜必须能够对代表每种颜色的特定振动频率做出反应。同样在触觉的意义上,末端器官适合于对非常快速的振动做出反应,而不同质量的触觉感受可能是由我们所接触的物体中原子的不同振动频率产生的。当声波到达耳朵时,我们有一个器官能够对最低的振动频率做出反应,因为我们可以探测到一个物体发出的声音,这个物体的振动频率应在每秒振动 20 到 30 次的范围内。对耳朵造成影响的最高振动频率大约是每秒四万次。

由此可见,我们的感官所能适应的不同速率之间存在着巨大的差距——从视觉的数十亿次突然下降到触觉的数百万次,再到听觉的数万次甚至数千次。

① 以太是古希腊哲学家亚里士多德所设想的一种物质。19 世纪的物理学家认为它是一种被假想的电磁波的传播媒介。本书原作者采用了这个假设。——译者注

这就使我们不仅怀疑，自然界中是否有许多东西是人类从未发现的，仅仅是因为人类没有能够意识到它们存在的感官机制。毋庸置疑，“天地万物比我们的哲学所能想象的还要多得多”。

心智对感官的依赖——只有当感官能感受到物质时，心智才有东西可以用来构建。因此，感官可以充当外部世界和大脑之间的信使；可以是站在身体所有部分门口的仆人——眼睛、耳朵、指尖——每个部分都在准备接收从自然界发出的特定种类的冲击并且沿着正确的道路把它传递到其专属的大脑皮层部分，由此心智才能形成“景象”“声音”或“触感”。因此，心智逐渐认识感官的世界，这样它就得到了记忆、想象和开始思考的材料。只有这样，心智才能确保最终用来建造上部结构的原材料的供应。

第四章　心理发展与运动训练

长期以来，人们认为教育只影响人的心智，身体往往被忽略。然而，最新科学研究表明，除非神经系统得到训练和发展，否则心智是不能被训练的。因为不仅仅是感觉和简单的心理过程，记忆力、想象力、判断、推理和所有其他的心理行为最终都依赖于神经系统，以获得其效率。婴儿第一次获得的是与通过预先组织的神经系统反射建立的某些动作或行为有关的心理体验。从这个时候起，运动和思维二者就如此紧密地联系在一起，不可分割。心智和大脑是如此紧密地联系在一起，就好比如果一个人不履行类似的职责，就不可能对他人进行教育；同样，忽视其中一个而让另一个在其发展过程中不受到伤害也是不可能的。

1. 决定神经系统效率的因素

发育和营养——不考虑由于遗传影响造成的神经系统先天差异，神经系统的效率在很大程度上取决于以下两个因素：(1)其组成的细胞和纤维的发育；(2)其健康和活力的总体基调。神经系统中的实际细胞数量会在出生后稍有增加或基本不变。事实上，爱迪生的大脑和神经系统是否比你我的大脑和神经系统拥有更多的细胞还值得考究。天才的大脑和普通人的大脑的区别不在于它所包含细胞的数量，而在于潜藏于神经系统中的细胞和纤维的发育情况。组织学家告诉我们，在每个孩子的神经系统中，有成千上万个未成熟、未发育以至于毫无用处的细胞；事实上，在某种程度上，每个成年人的神经系统也都是如此。因此，每个人的神经系统都有其从未利用过的潜能，利用这些潜能可能使其成为天才，而忽视这些潜能必然使其走向平庸。因此，教育的首要问题就是把尚未成熟和效率低下的神经系统培养成与成长的心智相联系的神经系统，以便把蕴藏在本性中的潜能变成现实的能力。

未发育的细胞——在这一点上唐纳森教授告诉我们："在出生时，以及出生后很长一段时间，许多(神经)系统都包含或多或少的未成熟细胞成分，它们无法构成组织的功能部分，然而，在某些情况下该成分可以进一步发育……对于不断出现的在发育中的大脑皮层细胞来说，除了早期发现的细胞核或颗粒外，尚无其他已知来源。这些元素是变形的神经母细胞，也就是神经物质从其中发育出来的基本细胞。它们已经萎缩到比最初形成时要小的体积,并且一直保持这样小的体积,直到在其充分发育所必需的后续扩大过程中,它们扩展成标记良好的细胞为止。即使在成熟的大脑中,也总能找到介于这些颗粒和完全发育的细胞之间的成分,因此可以推断后者是由前者衍生而来的。这些现象还引发了这样的结论:即在任何给定的情况下可能出现的许多成分远远超出了实际产生的数量……在中枢神经中潜在的和功能性细胞的数量是早就固定的。因此,在任何年龄,这个数字都由颗粒以及已经经过进一步发展的细胞来体现。在成长过程中,成熟细胞的比例会增加。有时由于无法识别颗粒中潜在的神经细胞,人们会想当然地认为,这种增加意味着新元素的形成。如前所述,事实并非如此。"①

神经纤维的发育——神经纤维的数量与细胞相当,必须经历一个发育的过程。已经有研究表明,纤维是细胞分枝的结果。许多细胞在人出生时还没有分枝,因而缺乏纤维;然而,许多已经生长出来的纤维还没有得到充分的发育,不能准确地传递脉冲信号。因此,人们发现,大多数儿童在出生时都能够通过将手指紧握一根小杆来支撑身体重量几秒钟,但是孩子能够独自站立大约需要一年的时间。很明显,独自站立比依附在一根杆子上需要更大的力气。因而,结论是和与站立有关的神经中枢相比,与紧握有关的神经中枢发育较早。同样地,孩子第一次尝试吃饭或做他比较尴尬的任何一件小事时,基本都是失败的,与其说是因为他没有练习,不如说是因为他与那些动作相关的神经机制尚未发展到足以使他准确无误地完成的程度。他的大脑处于弗莱希格所说的"未成熟"状态。那么,未发育的细胞和系统如何才能发育成熟呢?未发育的细胞和纤维应如何发展到完全成熟、高效呢?

2. 通过使用来发展神经系统

刺激和反应的重要性——与身体的其他组织一样,神经细胞和纤维都是通过合理使用而发展起来的。传感中枢和联想中枢需要从不同的器官末端进入的神经电流刺激,而运动中枢需要从它们流出到肌肉的电流的持续刺激。换句话说,运动和传感神经发育所依赖的条件是:(1)丰富的视觉、听觉、味觉和嗅觉环境,以及对感官、各种智力和社会兴趣都有适当刺激作用的一切事物;(2)同样重要的是,有培育最自由和最完整的反应形式和运动活动的机会。

劳拉·布里吉曼(Laura Bridgman)去世后,唐纳森教授对她的大脑进行了研究。发现缺乏对大脑皮层的传感刺激在劳拉·布里吉曼的案例中得到了很好的证明。劳拉·布里吉曼出生时是个正常的孩子,并且像其他孩子一样长到了将

① Donaldson Henry Herbert. The Growth of the Brain. New York: Scribners, 1897: 74, 238.

近三岁。这时,由于患了猩红热,她完全失去了听觉和左眼的视力。她的右眼也受到了严重的影响,几乎看不见东西;八岁的时候,她完全失明了。她就这样一直活到六十岁去世。唐纳森教授对她的大脑皮层进行了仔细的检查,并对两个脑半球的相应区域进行了对比,发现劳拉的整个大脑皮层比正常人要薄。唐纳森教授还发现,与左眼相连的皮质区,即右侧枕叶区,比右眼部要薄得多,而右眼保持视力的时间比左眼长。唐纳森教授说:“我注意到,那些与感觉器官缺陷有关的大脑皮层部分也特别薄。大脑皮层稀薄的原因,至少部分是由于存在神经细胞体型过小造成的。不仅大、中型细胞体型偏小,而且给观察者的印象是它们的数量也比正常大脑皮层的细胞少。”

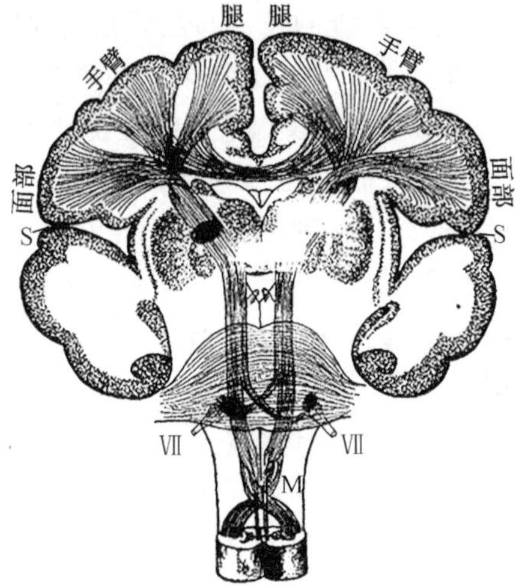

S—外侧裂;M—髓质;Ⅶ—面部神经根。

图 4-1　人脑横截面示意图

注:显示运动神经纤维的投射,运动神经纤维在髓质附近的交叉,以及运动神经纤维在脑皮层局部功能不同区域的末端。

传感刺激的效果——毫无疑问,如果我们能检查人的大脑,而这个人成长在一个对感官有大量刺激的环境中,在这个环境中:自然、大地和天空呈现出一幅色彩和形式不断变化的全景图,这张图用来吸引眼球;大自然所有的声音,从昆虫的啁啾到海浪的咆哮声,再到微风的低语,从最柔和的声音到最有力的管弦乐队的演奏,都给我们的耳朵带来了挑战;在那里各种各样的香气扑鼻而来;各种各样的美食诱惑着味蕾;可以经历各种感觉和温度的变化——毫无疑问,我们如果可以检查这类人的大脑,应该会发现其感觉的皮层区域会很厚,因为其细胞从外界涌入电流刺激而发育良好,而且体态完整。另一方面,如果我们能够检查一个缺乏这些刺激的大脑皮层,就会发现其中一些区域由于缺乏这些刺激而尚未发育。因此,其主人只拥有残缺的大脑,并且在某种程度上他的心智也是不完善的。

运动活动的必要性——与运动区域的情况相同。孩子们在童年不受限制地玩耍和游戏中本应最大限度地锻炼每一块肌肉,令人感到惋惜的是有些孩子被剥夺了这种机会。因为活动范围不宽广,大脑皮层的某些区域仍未发育成熟,所以这些区域未被利用,而且人们在以后的生活中将由于缺乏基于这些活动而形成的技能从而受到限制。哈勒克就这种关系阐述道:"如果我们能用足够大倍率的显微镜检查正在发育的运动区域,我们就会知道由于运动而引起的皮质层的改变包括哪些方面。"在这种情况下,我们也可以说,"这是钢琴演奏者的运动区域,这里的变化与控制与手所必需的这种运动完全一致。"或者,"这是铁匠工作的运动轨迹;这是雕刻师的工作成果;这些一定是控制演说者发声器官的细胞。"不论显微镜是否会向我们揭示这些东西,毫无疑问,上述条件是存在的,而且在每次低效而笨拙的身体尝试控制的背后,都有一个运动区域的细胞尚未被开发利用。难怪我们学习身体调节和控制的过程是缓慢的,因为这是大脑的成长过程,而不是简单的"学习如何去做"的过程。

神经系统的训练最终是由组成它的神经元的发育和协调构成的。我们已经知道,传感细胞是通过作用在其上的传感刺激发育起来的,而运动细胞则是通过它们向肌肉发出的运动脉冲而发育起来的。同样地,传感纤维和运动纤维,作为各自细胞的一个分枝,在携带引起传感和运动的脉冲中得到发育。由此可见,神经元的发育就像其工作一样是一个整体。

联想中枢的发育——除了这种我们一直在考虑的简单类型的传感和运动的发育,我们必须加上来自更复杂的思维过程,如记忆、思考和想象。正是由于这些关联,联系纤维才得以发育,大脑区域才得以连接,使它们能够作为一个整体一起工作。下面一个简单的例子将使我们更清楚地理解神经机制是如何起作用的。

假设我正走在一条乡间小路上,沉浸在冥想中,无意中走到了一个水坑前。我可能不用特别注意,也不用中断思路,就能自然地绕过去,避开障碍物。这个行为是自动完成的。在这种情况下,大脑皮层下的神经系统中的神经电流通过传入纤维从眼部(S)传到感觉神经中枢(s)。从那里它被传到同一区域的运动神经中枢(m),并通过运动纤维传到相应的肌肉(M),最后由这些肌肉执行所需的动作(图 4-2)。动作完成后,与肌肉相连的神经完成反馈工作,从而完成一个循环。这件事可以被看作是成千上万的行为的例证,这些行为我们每天都在进行,没有意识的干预,因此也不涉及大脑半球的参与。

然而,如果我不是无意识地避开水坑,而是先考虑到湿脚的危险和脏鞋带来的不愉快,以及狼狈不堪的外表,那么神经流就不会选择最短循环路径,信息会立刻传递到大脑皮层。在这里,神经流唤醒意识,提示注意障碍物,并唤醒有助于指导必要动作的图像。这个简单的例子可能是非常复杂的,用一个更复杂的问题来代替它,这需要我们不断给出解决的方案,不然相关的思绪一直萦绕在我们的脑海。无论在简单动作还是复杂动作中,神经流总是由传感和思维中心传递,然后通过运动中心向外传递到与运动反应相关的器官。

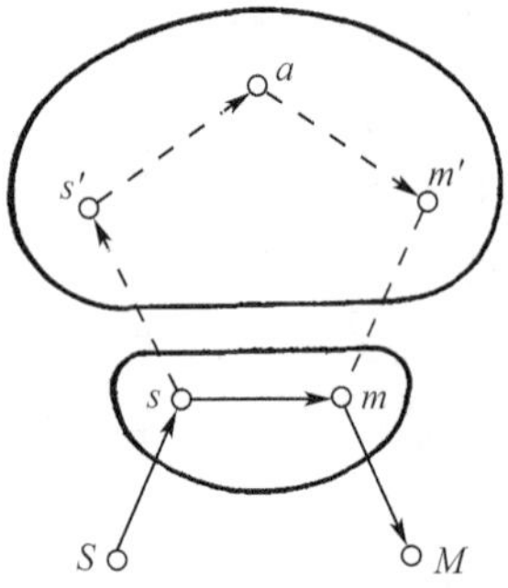

图 4-2　联想路径图解

一个简单行为所涉及的因素——由此可见,即使在最简单的行为中也要考虑以下因素:(1)作用于末梢器官的刺激;(2)传入神经上的神经流;(3)传感或解释细胞;(4)传感中枢与运动中枢相连的纤维;(5)运动细胞;(6)传出神经向肌肉外移动的方向;(7)运动反应;(8)已经执行了该行为的反馈报告。有鉴于此,一想到生活中我们的神经机制每时每刻都在进行着惊人的复杂性工作,就会感到相当的困惑,甚至根本没有考虑到更高层次的思维过程。随着思维的提升,如何把所有的作品做到完美和谐,由此产生的复杂性的确超出了我们的理解。

3. 神经系统的教育与训练

幸运的是,许多传感和运动训练的最佳机会不依赖于学校或学习的课程。这个世界充满了对我们的感官和社会本性的刺激;我们的日常生活由我们对这些刺激做出的反应组成,这些反应包括我们使自己适应所处环境的运动、行为和动作。毫无疑问,在我们成长中取得的最迅速和最重要的进展是在我们未上学之前的几年里完成的。然而,教育的任务是确保我们不缺乏任何重要的机会,确保我们的成长中未缺失必要的刺激措施或运动训练。

教育为刺激和反应提供机会——教育的最大问题是,从生理角度来看,它似乎会为我们自己和我们所寻求的教育提供尽可能丰富的传感和社会刺激的环境;一个在运动活动和更高的思维过程中充满想法的人,在动作和行为中会尽可能多地为思想和表达提供机会。除此之外,我们还必须经常、清晰地唤醒感官和运动,重新体验我们曾经经历过的景象、声音、气味和运动活动,也必须有机会形成有价值的计划和理想。因为以这种方式,最初的感觉、思想或运动中所涉及的大脑中枢又一次得到锻炼,并得以继续发展。通过回忆和想象,不仅能够极大地增加我们所受到的直接感官和运动刺激的效果,而且还能够通过大脑获得大量的材料来提高我们的思考能力。

神经系统的发育顺序——大自然已经设定了神经系统的发育顺序。如果我们想要得到最好的结果,就必须按照这个顺序来。在技术术语的描述中,顺序是从基础到附属。也就是说,控制身体大多数运动的神经中枢首先成熟,而控制精细运动调节的神经中枢随后发育。例如,我们先控制与孩子站立相关的大肌肉群,然后控制其与行走相关的肌肉。手臂肌肉比手指肌肉发育得早,头颈肌肉要比眼睛肌肉发育早。同理,一般的和专业化程度低的心智能力比那些专业化程度高的心智能力成熟得快。感知和观察先于批判性判断和联想的能力。记忆和想象力比推理和逻辑能力要成熟得早。

这就意味着我们的教育体系必须遵循这种天生的顺序。小学低年阶段的孩子不应该被要求用精细铅笔或需要精细的手指协调的钢笔书写,因为这些负责精细协调的大脑中枢还没有发育。年幼的儿童不应该被安排做眼睛控制艰难的工作,例如通过穿孔纸板缝合、阅读精细的印刷品等,因为他们的眼睛还没有发育到能够执行这些任务的程度。在小学生大脑的联想区域还没有准备好进行这类思维的时候,就不应该要求他们去做更困难的算术分析题和语法关系问题。因为这些方法违反了自然规律,对孩子们有百害而无一利。

4. 神经系统健康与活力的重要性

与适当的刺激和反应的机会相似,神经系统也必须具有良好的张力或活力。这在很大程度上依赖于日常健康和营养状态,防止过度疲劳。如果神经能量因健康受损、缺乏适当的营养或疲惫而消耗殆尽,那么任何有利的环境或良好的训练都无法使大脑保持高效的状态。

疲劳的影响——组织学家发现,由于极度疲劳,神经细胞的细胞核缩小了50%。合理的疲劳之后适当的放松是无害的,如果我们要达到最佳的发展,适当的休息是必要的;没有适当的营养和休息的疲劳对所有的精神活动都是致命的。它甚至最终对神经系统本身也是致命的,会导致其永远处于一种低沉的状态,无法集中精力。为了快速彻底地恢复,细胞不仅需要最佳的营养,而且要有休息的机会。

极度的和持续的疲劳不利于任何神经系统的发育和健康,尤其不利于儿童神经系统的发育和健康。过度疲劳不仅会阻碍生长,而且还会在机体中形成某些不利于神经组织的毒素或有害物质。正是这些疲劳毒素导致了许多神经系统和精神的紊乱，这些紊乱源于超负荷工作。总的来说，心理过度劳累的负面影响要比身体过度劳累还要可怕。

焦虑的影响——也许，对于大脑的成长和效率来说，最大的敌人莫过于因睡眠不足或焦虑而导致的神经紧张和疲惫。心理实验室的实验表明，神经细胞在睡眠不足的情况下会萎缩并失去活力。如果任其发展下去，损失将是无法弥补的，因为细胞永远不能复原。这一点在儿童或年轻人身上表现更为明显。许多学龄儿童，甚至许多大学生，在学业上进展缓慢，并不是因为他们智力迟钝或效率低下，甚至不是因为他们浪费了本应用于课堂的时间，而是因为他们工作到很晚和睡眠不足的情况下大脑得不到良好的休息。课堂上的不良表现导致的焦虑同样会破坏本身良好有序的神经系统。如果我们想要达到最高效率，就应像避免中毒一样，避免产生任何原因引起的焦虑。忧虑不仅使大脑暂时无法发挥其最佳功能，而且它的不良后果也是永久性的。因为即使在忧虑的原因被消除，忧虑本身也已停止之后，大脑仍通过一个发育不良或不健全的神经系统运转。

不仅每个个体应该设法控制自己生活中烦恼的根源，而且家庭和学校也应该尽可能减少会使孩子们产生忧虑的因素。尽可能地消除孩子们对黑暗的恐惧，对疾病和死亡的恐惧，对未来的恐惧，对潜在惩罚的恐惧，对千千万万个真实或想象的童年烦恼的恐惧。学校考试破坏了孩子们心灵的平静，增加了成绩落后的恐惧感，所有的唠叨和挖苦，以及其他任何可能给敏感的学生带来持续的痛苦或忧虑的事情应该在课堂方法和实践中被禁止。强迫孩子为他们自己所有的后果负责，这代价对于他们来说过于沉重，令其难以承受。因此，我们必须寻找更好的方法。

良好营养的影响——为了获得最好的营养，首先必须汲取充足营养和食用健康的食物。科学和经验都推翻了学生应该勉强吃饱的假设。欧西认为许多脑力劳动者由于缺乏良好的饮食而导致大脑疲劳，因此远远达不到他们以往的水平。大脑的发育不仅需要高质量的食物，而且还需要健康的身体。除非被适当地消化和吸收，否则再好的食物都是没有用的。如果其余的一切都正常，而大脑中没有进行适当量的氧化，从而清除老化的细胞，为新的细胞腾出位置，那也几乎没什么益处。这提醒我们，纯净的空气和强劲的血液循环对于我们大脑的最佳工作是不可或缺的。毫无疑问，许多觉得自己学习太辛苦的学生都会把问题归咎于他们的胃、肺或他们吃的食物，而不是他们的头脑。

5. 观察与反思的问题

1. 评估孩子在前五年中取得的心理进步，并与其后五年中取得的心理进步进行对比。为做到这一点，尽你所能将每阶段的心得体会列在一张单子上。你认为玩耍和自由在儿童早期教育中的重要性如何？为什么不继续采用这个方法而是把孩子送到学校呢？

2. 城市孩子与农村孩子相比，谁有更好的感官训练机会和社会培训机会？谁更有通过玩耍而促进运动发育的机会？专家认为在运动方面农村儿童不如城市儿童，为什么会这样呢？

3. 仔细观察一组儿童，寻找缺乏感官训练的证据（对感官对象的兴趣、观察技巧等），寻找是否缺乏运动训练（不能控制运动、笨拙、缺乏运动技巧等）的证据。你是否发现一般心理能力与感官和运动能力有关呢？

4. 从地理、农业、算术和绘画这 4 个方面可以得到什么感官训练？学校应该提供什么样的运动训练：泛泛的、手部运动、优雅姿态训练，还是其他方面的训练？在一个或多个教室里进行这些方面观察实验并报告结果。

5. 描述一下你认为海伦·凯勒的精神生活是什么样的。（请阅读海伦·凯的勒《我生活的世界》）

6. 研究儿童群体，寻找因缺乏营养而导致的脑力不足的迹象；寻找由于疲劳而导致的脑力不足的迹象；寻找由于忧虑而导致的脑力不足的迹象；寻找由于睡眠不足而导致的脑力不足的迹象。

第五章　习　惯

习惯是我们“最好的朋友或者是最大的敌人”。我们是“行走的习惯的集合体”。习惯是“社会的飞轮”，让人在无法逃避的艰难厌恶的环境中保持耐心以及平和。习惯是一条“我们不能剪断的绳索”，聪明的人如是说。如果知道你的生活习惯，你的道德标准和行为便已经显现了。如果发现你的智力习惯，那就理解了你的心智类型和思维方式。简而言之，我们的生活在很大程度上是由我们这样或那样的习惯所决定的日常行为构成的。我们的大部分动作和行为都是习惯性的；我们思考是因为养成思考的习惯；我们做决定是因为有抉择的习惯；我们睡觉、吃饭、说话，因为我们已经养成了做这些事情的习惯。然而，尽管习惯是最残酷的暴君，但在毫无结果或充斥堕落的生活中，其益处远远超过害处。

1. 习惯的本质

许多人在谈论或想到习惯时会赋予其一个极其狭隘有限的含义。他们只能把一个人的“习惯”想成某些道德倾向或个人倾向。但是，为了理解任意一种彻底的和完整的习惯，我们必须结合前几段所给出的建议，扩展“习惯”的概念，包括每种可能的身心活动。习惯可以被定义为神经系统重复已执行过一次或多次动作的倾向。

习惯的生理基础——从生理基础的角度来解释习惯。习惯的形成是因为我们的脑组织能够通过使用而不断修缮，并保留修改的结果，以便下次更容易表现同样的行为。这就导致以往行为被重复而新行为不被选择，因此以往行为被永久化。

即便是无生命的和惰性的物质也遵循同样的原则，就像有生命的物体一样。列昂·杜蒙特说：“每个人都知道一件衣服穿在身上一段时间后，会比刚买时更贴近身体的形状，那是材料发生了变化，而这种变化是一种新的凝聚习惯；一把锁在使用一段时间后效果更好，因为刚开始开锁时需要的力更多，这些力被用来磨损锁中的某些粗糙部分。”克服这种阻力就是一种习惯性的现象。如果一张纸被折过的话，再折起来就会比较容易。容易的原因是习惯的本质属性，即只需少量的外在因素就可以产生还原效果。小提琴的音质在一个技艺高超的艺术家手中会表现得淋漓尽致，因为木材的纤维最终收缩的振动习惯符合和声关系。这就是大师的乐器有无可估量的价值的原因。水在流动过程中为自己开辟了一条越来越宽、越来越深的沟渠；并且，阻止流动之后，当它再次流动的时候还会沿着原来的轨迹流动。正因为如此，外界事物的形象在神经系统中逐渐形成了一种适合自身的形式，这些重要的现象终止一段时日后，当受到外界类似的刺激时会重现。①

所有生命组织的可塑性——适用于无生命的理论会更加适用于有生命的组织。只要及时，人体组织几乎可以被塑造成任何可供选择的形式。让一个孩子过早地学习走路，那么他的腿骨就会在儿时养成习惯性的弯曲弧度。美国印第安人把一块木板绑在孩子的头骨上，那么头骨就会养成保持平顶的习惯。错误的身体姿势会使脊柱弯曲，而不良打扮会使胸部骨骼变形。肌肉可能被训练成保持肩膀挺直或肩膀下垂的习惯；背部肌肉可以训练成保持身体在臀部挺直或下垂的习惯；运动训练，会使我们的步伐变得轻缓，而不会使行为举止变得拖沓；口才训练，可以让我们有一个清晰、准确的表达，而不是一个粗心、吞吞吐吐的表达；面部表情训练，会让我们有一个快乐的，而不是忧郁的表情。

习惯脑组织的改进——神经组织是所有身体组织中最敏感和最易塑造的。事实上，我们独有的行走、手势或说话的习惯很可能存在于大脑中，而非大脑控制的肌肉中。大脑的结构如此精妙，其分子也如此不稳定，以至于花香扑鼻，鸟鸣入耳，转瞬即逝的梦，在其睡眠中只停留了一秒钟，但已经改变了他的大脑，它将永远不会像没有经历过这些事情的时候的样子。来自外部世界的感知电流，用来控制肌肉的流动电流，我们所想到的每个思想都改变了它赖以活动的神经结构，但重复类似的行为趋势仍然存在。我们的大脑和神经系统每天都由我们的思想和行为塑造成固定的行为习惯，从而成为我们所做一切的自动记录仪。

古老的中国神话讲述了一个基本的、至关重要的事实。天神告诉孩子们，一个他们看不见的仙女会手拿画笔和画本日日夜夜地陪伴着他们，陪伴在他们生命的每个时刻。这个仙女有责任把孩子的每件善行和恶行都记录下来，成为不可磨灭的记录，有朝一日，这些记录会成为对其不利的证据。我们的大脑也是这样的。错误的行为可能会秘密进行，活着的人可能不知道我们做了什么，仁慈的上帝会原谅我们的行为，但是，无情的监视器会一直记录我们的行为，而这个历史行为将永远铭刻在我们的大脑组织中。它可以停止于悲痛和懊悔，但却不会被永远抹去；它们会一直存在，直到人死去的那一天。在危急关头，我们将因为漫长的过去和被遗忘的行为而面临失败的危险。

我们必须养成习惯——因此，我们必须养成习惯。我们根本不能说我们是

---

① William James. Psychology: Briefer Course. New York: Henry Holt, 1892.

否有能力养成习惯;因为一旦开始,习惯就会昼夜不分、持之以恒地打磨自己。因此,习惯是我们生活中不可忽视的重要因素之一。问题不是我们是否应该养成习惯,而是应该养成什么样的习惯。这个问题很大程度上是由我们自己决定的,因为习惯不会凭空产生,也不是现成的。我们每天通过个人行为来塑造习惯,只要我们能够控制自己的行为,我们就能决定自己的习惯。

2. 习惯在我们生活中的经济地位

习惯是节约时间和精力的自然方法之一,同时也是保证更高水平和高效率的方法。很容易看出并记住,习惯是倾向于下意识的行为。也就可以说,在没有意识干扰的情况下,行动以及对自我的照顾是由低位神经中枢支配的动作。每个人都能观察到,当动作不再是被有意识地引导而变成自发行为时,无论是弹钢琴、绘画还是钉钉子都变得容易,执行起来也愈发熟练。

习惯能提高技能和效率——实际上,所有技能的提高,无论是身体上的还是精神上的,都取决于我们养成习惯的能力。习惯能快速接受已获得的能力,而实践或智力会提前为下一步做好准备。对于需要重复做许多次的事情,我们能否不遵循之前做该事的习惯,而在方法上有所改进?如果方法不改进,现在我们还会重复着和我们小时候刚学穿衣一样笨拙的穿衣方式;我们高中时期的写作水平会像小学时一样拙劣;我们成年后进餐时会像婴儿时期一样弄得一片狼藉。我们在现在看来如此轻松自然的动作技能都曾做错过。同样地,所有的高技能职业,以及那些需要非常熟练的手工操作的职业,都依赖于我们的习惯形成能力,来实现所需的精准和自动的运动。

心理技能也同样如此。我们教育的大部分基础必须是无意识的——必须是能成为习惯的事情。我们开始学习语言符号。我们听到文字并且能在打印页面中看到它们;把这些词与它们的意义或想法联系在一起。习惯把文字和思想结合在一起,因此想到一个然后再唤起另一个——语言就是这样习得的。我们必须学习数字,所以练习"组合",并由4×6,或3×8,联想到24。习惯将这种联系固定在我们的脑海中,瞧!我们很快就理解了我们的"一览表"。诸如此类贯穿整个学习范围。我们学习某些符号、事实或过程,以及习惯掌握并把这些变成机械性的,以便我们能够自由地、轻松地、熟练地使用它们,使我们的思想能够轻松地处理那些无法自动处理的事情。我们最大的危险之一是我们没有无意识的、充分利用教育所必需的基础材料。如果我们没有做到这一点,我们充其量不过是智力上的智障人士,因为我们在成长过程中没有正确地应用习惯。

因为,正如我们在前面的章节中看到的,我们的精力是有限的,而且我们能够处理的对象的数量也是有限的。只有当注意力从许多总是可以用同样的方式思考或完成的事情中解放出来时,头脑才能专注于需要判断、想象或推理的真正问题。不注意拼写和标点符号的作家很难写作成功。一个数学家,如果他头脑中的数字组合、过程和公式不是自动形成的,那么他永远不可能在数学思维上有所进步。那些在讲话时不得不考虑自己手势、声音以及发音的演讲者将永远不会以逻辑或口才打动听众。

习惯能够节省精力且不感到疲劳——做我们习惯做的事情,通常会很容易并且毫不费力。使我们疲惫不堪的是新的行为或陌生的任务。习惯于农场生活的马,如果被赶在路上行走就会感到疲劳,而把跑车挂在犁上就容易抛锚。有经验的书法家整天在桌前工作也不会感到过度的疲劳,而更习惯于拿镐和铲子而不是拿笔的人写半个小时的信就会精疲力尽。那些从事久坐不动的职业的人不会因为坐得太久而感到疲倦,而习惯于自由和行动的儿童或其他人可能会发现仅仅保持一两个小时不动就令人无比倦怠。

没有习惯的帮助,人们不仅无法完成现代工业所要求的技能和速度,而且还会承受难以忍受的疲劳和痛苦。被安排在高速运转的机器前的新工人在第一天工作结束时,就会迫不及待地释放疲劳。但是渐渐地,他学会了省略不必要的动作,而且必要的动作因习惯变得更容易和机械化,因此工作会变得更加轻松。从而,我们可以得出结论,有意识的定向运动不仅比习惯性地自动进行的相同运动显示出更少的技能,而且需要更多的努力并使人更加疲劳。

习惯有效地利用道德效应——每次对于是否去听这个讲座或这节课,我们都不得不做出决定。决定我们是否要坚持不懈地完成我们已经开始的这项令人不快的工作;我们是否会不厌其烦地对这个或那个可怜的、讨人嫌的或卑鄙的人类同胞彬彬有礼、和蔼可亲;我们是选择这条看起来容易的路,还是选择那条我们知道应该走的路;我们是否会公正廉洁;我们是否敢于抵制诱惑;我们是否会履行所面临的职责,尽管这是一项艰巨的任务。但每次当它出现时,我们必须决定每个问题,这就意味着我们的思想和精力中有很大一部分放在了本应该自己照顾自己的事情上。因为所有这些事情都应该尽早养成习惯,以便在它们出现时,用最少的精力加以解决。

集中注意力的习惯——当人们对所做的事情兴趣寥寥,或者比起当前所做的事情,另有更多更有趣的事情可以选择,那么只有心性高尚的人,能够仅凭意志力保持注意力高度集中。但比起这个,如果我们养成了集中注意力的习惯,并且将此当作一件令人满意的事情,我们自然就会保持这种态度,那就好得多了。为便于理解,我们不妨以学生或者观众为例,观察授课或表演开始时,不同的人安静下来集中倾听的方式有何不同。一些人仿佛在说:"我就坐在这里,如果我对你讲的东西有兴趣,我愿意听一听,但如果我不感兴趣,我就不会花时间听。"还有些人仿佛在说:"我并不十分期待接下来的内容。如果你想让我对所讲的内容感兴趣,那你需要好好努力一番。”也有一些人的态度则十分直截了当:“我很想认真听一听,并且也会努力不溜号;如果我走神了,我不会责怪你,这只是我的问题。”但有一些人是这样的:“无论你讲的内容有趣与否,我总是会认真倾听。我已养成了这样的习惯,也不会刻意改变自己。无论你做得好与坏,我都会认真听,因为我不会因为别人的原因,削弱我集中注意力的习惯。”这些人会认真去听每个字,并被演讲者所讲的内容真正吸引。每位演讲者都会非常喜爱最后一类听众,并向其展现内心最具创意、最美好的想法。

习惯使我们能面对不愉快的事——好的习惯使我们变得更加强大,并能笑着面对不愉快的事情。在良好习惯的帮助下,能克服好逸恶劳的本性,能面对艰难困苦,是一件值得称道的事情。但更值得称赞的是在不挣扎、不抗议、不质疑的情况下坚持不懈地履行这种令人不快的责任感。霍勒斯·曼就做到了这一点。他之所以能够取得成功,是因为他早年养成了这样的习惯。他并不会时常在做某件事情时,诘问自己是否喜欢做这件事,而是一视同仁、毫不犹豫地做好每件事,无论完成这件事的过程令他愉悦与否。

能够在道德之战中胜出、战胜诱惑的青年,值得被授予崇高的荣誉和赞美;但只要他不得不一次又一次地打同一场战斗,他就在道德上处于危险的境地。因为良好的道德必须最终变成习惯,并根深蒂固地植根于我们心中,使得我们无须挣扎和犹疑,就能做出正确的选择。如若不然,若每次抉择中我们都需要付出很大努力来坚定本心,我们迟早会在抉择中迷失。失败意味着软弱,软弱意味着灾难。在精神厌倦了不断的冲突之后,就会向失德滑落。类似的冲突在生活中反复上演了千百遍。由此,比起特殊情形下艰难地保守本心,良好的习惯显然尤为重要。好习惯意味着全线胜利。

习惯是人格的基础——生物学家告诉我们,能够影响生物体的是环境中恒定的因素而不是偶然的变化。所以,我们生活中的习惯也塑造了我们的品格和个性。实际上,我们所养成习惯下的所作所为、所言所想,就是我们本身。

没有习惯,人格就不可能存在;因为我们永远不能做两次相同的事情,所以每个成功时刻都是一个新人。赋予我们独特个性的行为是我们的习惯性行为——那些我们不曾留意、诉诸本能的行为是我们最真实、最好的表达。也许我们当中没有人能确定其在穿衣时先把哪只胳膊伸进袖子,或者穿鞋时先把哪只脚放进鞋里。然而,我们每个人早就养成了以某种方式做这些事情的习惯。我们可能无法描述如何握住刀叉和勺子,但是每个人都有自己独特的和习惯性的处理方式。我们以一种独特的方式坐、立、行、卧,我们头脑的镇定和身体的态度都是习惯的结果。我们感到困倦、醒来,通过某些习惯的力量,在某些时刻变得饥饿和口渴。我们养成了喜欢某把椅子、某个角落、某条小路、某张桌子的习惯,并在适应了这种习惯后排除了一切其他的选择。或者我们在青年时期养成使用粗俗的语言或陈词滥调的习惯,而这些习惯将会积习难改,成为我们以后生活中不可分割的一部分。

我们在精神层面也是如此。我们的思维和我们的身体行为一样。我们可以学会批判地独立思考,或毫不怀疑地附庸权威;可能养成仔细阅读好的、明智的书籍的习惯,或略读伤感的和无用的书;选择高尚的、高贵的同伴,或者相反;成为一个好的谈话者,在社会团体中尽自己的一份力,或者成为谈话的累赘,需要被"娱乐"的对象;可以养成观察周遭事物、享受环境中的美的习惯,或对一切麻木不仁;可以养成遵从内心良知的习惯,或者毫不挣扎地屈服于诱惑;可以选择虔诚地祈祷,或只是口头说说祈祷词而敷衍了事。

习惯可以避免忧虑和叛逆——习惯被称为社会的"平衡轮"。这是因为人们很容易就习惯了那些艰难的、令人不快的或不可避免的事情,并且不再与之抗争。在一段时间之后,最初似乎难以忍受的许多事情会变得不那么让人抵触。随着时间的流逝,那极度痛苦的悲伤会变得不那么尖锐。引起最强烈的怨恨和仇恨的压迫或不公正最终会被接受。习惯帮助我们认识到"不能治愈的东西必须忍受"。

3. 积习的恶果

好习惯也需要加以改进——好习惯也可能有潜在的危险。习惯是与表层意识截然不同的潜意识。习惯能减少不必要的意志力投入。每种习惯性行为,无论是在种族史上还是在个人史上,都曾是一种自愿行为。也就是说,它是在主动注意下进行的。随着习惯的养成,人们逐渐不需要刻意去做这些事情,直到最后习惯成自然。但这就是潜在的危险所在。习惯一旦形成就无法改变,除非以某种方式再度刻意改变,因为习惯只会变得越来越牢固。积习难改,常常重蹈覆辙。但积习的力量是可怕的,我们无法承受其后果。我们的习惯需要进步,这些习惯需要与我们一同成长,并被修正和改进。否则,它们将成为一层笨重的外壳,限制我们的成长。

因此,有必要对我们的习惯行为进行某种监督,不时地加以审查,以便我们能够发现自己可能存在的缺点,修正我们的习惯行为。我们需要有创造力,不断寻找更好的做事方法。但只要愿意,我们当中又有几个人无法提升自己的风度和举止呢?语言对我们来说已经是种本能,但毋庸置疑,我们都能够学习清晰发音,纠正讲话时的重音或读音错误。所以我们也可以改善我们学习和思考的习惯,改变我们的记忆方法或集中注意力的方式。

"重蹈覆辙"的倾向——避免重蹈覆辙需要极大的意志力。因为走惯常的路是容易和愉快的,而打破习惯,开始新的行动路线是困难和令人不安的。大多数人喜欢按照他们的习惯做事、读书、思考，并习惯于他们一直保有的习惯，他们这样做不是因为他们觉得自己的方式是最好的，而是因为坚持比改变更容易。因此，我们大多数人在平庸的维度上安顿下来，成为“老顽固”。我们学会把事情做得还说得过去，不再考虑改进做事的方式，因此陷入了窠臼。只有少数人能做到更进一步。他们享受习惯带来的轻松感，但他们同样会更进一步，采取关键性的行动，让习惯成为一个盟友，而不是接受其为暴君。

4. 习惯的养成是教育的一部分

从习惯在我们生活中的重要性可以看出，我们的教育应该着重培养有用习惯的形成。詹姆斯说：“如果年轻人意识到他们只会变成一堆被习惯左右的行尸走肉，他们会在处于塑性状态时更加注意自己的行为。我们在编织自己的命运，前方凶吉未卜。美德和邪恶的每个微小的体现都会留下难以磨灭的烙印。”一方面，任何正在养成大量有益习惯的青年，无论他的书本知识是否有限，都在接受着非同寻常的教育；另一方面，没有一个正在养成大量坏习惯的人受过良好的教育，不管他的知识多么渊博。

青年以前是习惯形成时期——童年和青少年是养成习惯的好时机。在青少年时期，年轻人的大脑是可塑的，头脑中留下的印象更为不可磨灭；之后，大脑中固有的记忆很难修改，新印象也不那么持久。正如谚语所说，“教老狗新把戏很难”。墨守成规的人很难接受新鲜事物；即使你能教他这些事，他也记不住，即使他能记住，也不可能做好。幼儿在出生后几周内就会养成睡觉和进食的习惯。只需几天，幼儿就会养成在黑暗中或需要光亮睡觉的习惯；或是安静地躺着睡觉的习惯，或者需要被人摇来摇去哄着睡的习惯；或是到了时间就需要进食的习惯，或是无论何时，只要无聊，就需要吃东西的习惯。决定孩子是否应该养成习惯完全不在母亲或护士的权力范围之内，但在他们的权力范围内决定应该养成什么习惯，因为他们掌控着婴儿的行为。

随着孩子年龄的增长，他的习惯范围也在增加。当他到了十几岁的时候，他的许多个人习惯已经形成。对于一个 15 岁以前没有养成守时习惯的男孩来说，他很难被托付去完成要求高度精确性的事务。一个 15 岁之前没有养成整洁有序的习惯的女孩，很难在以后的生活中成为一个整洁的管家。那些年轻时没有机会习惯社会习俗的人，可以在以后的生活中学习礼仪方面的书籍，雇佣私人教师学习礼貌行为的艺术，但他们始终会感觉窘迫不安、芒刺在背。没有人比那些一夜暴富的人所处的地位更糟，他们在晚年试图用艺术品和奢侈品包围自己，尽管他们的习惯都是在早年的贫瘠和匮乏中形成的。

追求成就的习惯——年轻人没有谁不梦想成为伟大、高贵的人或成为一名著名的学者。但又有几个人最终实现了自己的理想呢？大多数人失败的原因在哪里？肯定不是缺乏理想。许多年轻人都把“精益求精”视为他们的座右铭，但他们从来没有爬上过山坡，更不用说爬上山顶了。他们把时间花在梦想更上一层楼的荣耀上，却从未开始攀登。困难之处在于我们没有意识到，成为我们所希望或梦想成为的人的唯一途径，就是养成成为那种人的习惯。如果需要的话，养成努力、自我牺牲的习惯；养成与梦想一起行动的习惯；养成行动的习惯。

我们当中有谁此刻没有在等着未来突然有闲暇？我们中有谁不打算在学期结束、工作完成，或不像现在这样忙碌的时候做许多打算做的事情？但我们很难有这样得闲的机会！达尔文说，他年轻的时候喜欢诗歌、艺术和音乐，但他忙于科学工作，以至于不能抽出时间来放纵这些爱好。因此，他向自己保证，他将把他的时间用于科学工作，并在这方面做出自己的成绩。然后他会有时间去做他喜欢的事情，并且会培养他对美术的兴趣。他在科学领域取得了成就，然后又转向诗歌、音乐、艺术。但是，唉！这些年轻时的爱好，在那时的他看来已索然无趣。他早已过了可以对这些爱好形成品味的时光。他已经从另一个方向养成了自己的习惯，现在再养成新习惯已经太迟了。他自己的结论是，如果他的生命可以重来，他每周都会听音乐会，参观艺术画廊，每天都会读诗，从而保持活力，激发对生命本身的热爱。

因此，每个学校和家庭都应该是一个塑造美德的基地，一个孩子们养成整洁、守时、服从、礼貌、可信赖和其他优雅品格习惯的地方。

5. 习惯形成的规则

詹姆斯关于习惯形成的三条准则——在养成新习惯和摒弃旧习惯的过程中，根据贝恩《道德习惯》一书中的章节，我认为没有比詹姆斯的表述更好的了。我引用了其陈述的部分内容：“第一条准则是：在养成一种新习惯或者摆脱旧习惯时，我们必须竭尽全力并抱有坚定信念地充分调动自己。积累所有可能加强正确动机的情况；努力地将自己置身于鼓励新方式的情形中；与旧的习惯势不两立；如果条件允许，进行公开承诺；简而言之，利用所知道的一切有利条件来坚定自己的决心。这将给你的新开始一种动力，一旦可能的话，放弃的念头就不会太快产生，并且放弃的念头推迟一天，那么养成新习惯的可能性就增大一点。

“第二条准则是：在新习惯牢固地扎根于你的生活之前，永远不要让例外发生。每次失误就像让一团细心缠好的毛线球掉下来一样；一次失误，许多次机会将再次失去。训练的连续性是使神经系统行为准确无误的重要手段。对成功的渴望使人们对未来充满期许和希望。

“第三条准则是：抓住每个可能的机会，按照你的每个决心行动，按照你希望养成习惯的方向行动。不是在习惯形成的那一刻,而是在它们产生运动效应的那一刻,决定和渴望将新的'集合'传递给大脑。"①

好习惯胜过坏习惯——最后,不要让任何人感到不安或害怕,因为过不了多久,你就能养成"习惯的行尸走肉"。无声无息,每时每刻,效率都是从有价值的善举中成长起来的。每点英勇的自我牺牲、每场战斗、每场胜利、每件善举,都会被神经系统归于自身,并且最终为实现雄心壮志增添一丝力量。

6. 观察与反思的问题

1. 选择一些你最近才表现出的无意识举止,并观察这些行为,直到自己越来越习惯这些动作。连续观察一周,看看你是否发现了一些你尚未察觉的习惯。列出你的坏习惯;列一个最重要的好习惯列表。

2. 开始培养你渴望拥有的习惯,也要打破一些不良习惯,仔细观察两种情形下发生的状况以及所需要的时间。

3. 尝试下面的实验,并将结果与习惯引起的自动控制联系起来:在一张硬纸板上画一颗星星,把它放在你面前的桌子上,并在桌面子上放一面镜子,这样你就能看到镜子里的星星了。现在用铅笔描那颗星的轮廓,在镜子里注视你的手。从开始一直到结束,不要把铅笔从纸上拿起来。然后让别人试试这个实验。

4. 研究一群小学生以下几种行为习惯:注意力、言语、坐立行走、学习。对你的观察做一个报告并给出改变不良习惯方法的建议。

5. 列举你观察到的"怪癖",并对如何矫正这些怪癖给出建议。

6. 列出你认为学校及其工作应该特别培养的 10 ~ 20 个习惯。你认为学校在培养哪些习惯方面最不成功? 问题出在哪里?

---

① William James. Psychology: Briefer Course. New York: Henry Holt, 1892.

第六章 感　　觉

如果我们首先想到外在自然界和内在心灵世界两大世界的存在就能很好地理解感知与知觉的问题。一方面是在物质世界中，我们所能看到、听到、触摸到、品尝到或是掌控的事物；另一方面是我们的意识，是我们感受并适应外部世界的方式。这两个世界在某种意义上似乎相互从属并彼此需要。因为如果没有心智认识和使用物质世界，那么物质世界又有什么意义和用途；一个没有探索和思考对象的头脑又有什么用呢？

1. 我们如何认识外部世界

我们起初认识永远无法完全理解的外部世界是一个奇迹。我们逐渐无意识地获得这些知识，以至于现在看来，这些知识已经司空见惯，而且我们理所当然地认为许多事情会让我们难以解释。

通过感官的知识——例如，我们说："我当然可以看到远处的绿树。"但是为什么"是当然"呢？为什么物体离我们很远，而且我们与其没有明显的联系，但我们只要在有光的时候望向物体的方向，就可以知道它们是什么了呢？为什么不把这些告诉巴黎普伊索教授的盲人儿子呢？当被问及他是否愿意恢复视力时，他回答说："如果不是为了满足好奇心，我宁愿有长长的胳膊。在我看来，我的手比你的眼睛或望远镜更能教会我月球上经过的东西。"

我们先听，然后说："是的，附近村庄那边有钟声。"就好像这是世界上最简单的事情。但是，为什么在一两英里[①]以外，一块金属与另一块金属相撞，我们便知道那里有钟，更不用说我们可以辨认出这种钟的声音了？或者我们把手指放在一块布上，就可以知道"那是丝绸"，但是，为什么我们的皮肤仅仅接触一点材料，就能知道它的质地，而不是说"它是布"，或者"它的线最初是由昆虫制成的"呢？还有，我们抿一小口某液体后说："这牛奶酸了。"但是，为什么我们能够通过把液体放进嘴里，使其与黏膜接触来辨别出它是牛奶，并且知道这个牛奶酸了呢？再比如，春天，我们从打开的窗户闻到一股气味就说："草坪上有一簇紫丁香

① 1 英里 = 1.61 千米。——译者注

花盛开。”然而，为什么通过吸入含有紫丁香颗粒的空气，就能够知道外面有什么东西，而且还知道它是一朵花并且是一种我们称之为紫丁香的特定品种呢？最后，我们把一块热熨斗靠近面颊后说：“这太热了！会将布料烫坏。”但是，为什么把这个物体放在离我们面部一英尺[①]远的地方，我们就能感知到它的存在，而且还知道它的温度呢？

感官经验的统一性——我们的感官有通过经验来获得融合（或者结合）知识的能力，也就是说，每个感官都通过其他的感官来表达自己的知识。因此，我们瞥一眼窗外就说天气感觉很冷，虽然我们清楚地知道我们并不能看见冷。或者，我们说瓜听起来没有熟透，或者是钟听起来好像有裂纹了，尽管青涩或裂缝并不能够被听到。或者我们说感觉盒子空了，虽然空并不能被感觉到。起初我们经历了与现在非常相似的寒冷天气，因此我们将寒冷与这种特殊的天气现象结合起来；听起来像是钟传出来的声音使我们联想到摇晃的钟，敲打西瓜的声音使我们联想到甜瓜，这些经验让我们可以毫不犹豫地说出听声音钟像裂开一样，西瓜听起来并没有熟透。各种感官都是如此。每个感官都从世界中搜集到自己的独特知识，但最终都会形成一个伙伴关系，每个感官的知识都属于彼此并且可以相互使用。

感官过程有待解释——知识最终本质的解释，以及我们如何通过与物质环境接触得到终极性解释的问题将留给哲学家解答。在这个问题上的争论已经够多了，在问题解决之前还会有其他问题出现。对我们来说，更容易、更重要的问题是描述心智认识其内部环境，以及观察它在思考中如何使用这些知识的过程。我们可以做到这一点，因为即使我们不能完全解释它的性质和起源，但能够描述它的过程并发现规律。我们知道消化和同化的过程，以及支配它们的规律，尽管我们不理解使这些成为可能的生命的最终本质和起源。

心智中物体的性质——在我们提出的相对简单的描述中，我们仍面对着许多困惑，并且其中一个在一开始就已经出现了。这就是我们通常认为的物体的性质，实际上存在于我们自己的头脑中，而不是存在于物体中。以光和颜色的共同性质为例，物理学家告诉我们，我们所看到的光是由眼睛视网膜上令人难以置信的快速跳动的以太波引起的。所有的空间都充满了这个以太；当它是光的时候，也就是说，当一些物体，如太阳或其他发光体存在时，以太被作为光源物体振动分子启动，它的波冲击视网膜，产生电流并传送到大脑，我们看到光。这意味着——空间——我们看见物体的介质，不是充满了光（感觉），而是充满了非常快速的以太波，我们所看见的光，作为对以太波物理刺激的心理反应，确实出现在我们的头脑中。对颜色也是如此。颜色是由不同长度和速率的以太波产生的。[②]

---

① 1 英尺 = 0.304 8 米。——译者注

② 作者写本书的时候采用了“以太”这个概念。在现代不再采用“以太”的说法，在现在的物理知识中，认为光的不同颜色对应于光的不同波长。——译者注

因此,每秒450亿次的以太波给我们一种红色的感觉;每秒472亿次,为橙色;每秒526亿次,为黄色;每秒589亿次,为绿色;每秒640亿,为蓝色;每秒722亿,为靛蓝;每秒790亿,为紫色。因而,在我们之外存在的是不同速率的以太波,而不是它们自己的颜色(如感觉)。夕阳美丽的黄色和绯红,风景的斑斓色彩,孩子面颊的微妙粉红色,玫瑰的鲜红,湖面上闪烁的绿色,这些都不在于物体本身,而在于看到它们的人的意识。物体只具有反射回眼睛的特定速度的以太波的质量,这种速度与我们赋予它们的颜色相对应。因此是"红色"的物体,而不是其他颜色的物体,每秒反射450亿次的以太波;"白色"物体反射所有速率的以太波;"黑色"物体不反射以太波。

这种情况在声音方面没有什么不同。当我们谈到钟声时,我们真正的意思是钟声的振动在它和我们耳朵之间的空气中建立了波,这些波在耳朵中产生了相应的振动,由此产生神经电流,因而听到了声音。但是声音(即感觉)是一种精神上的东西,只存在于我们自己的意识中。在发声的物体和我们自己之间传递的是空气中的波,准备好通过神经和大脑的机制被翻译成美丽的音调、旋律和心智的和谐。其他知觉也同样如此。

三组因素——因此,在我们体外存在的是一种刺激,即某种形式的物理能量,是一种适于激发味觉、触觉、嗅觉、视觉或是听觉的末梢器官活动的刺激物;在我们体内存在的是能够将这种刺激转化为神经电流的神经机制,该神经电流将在大脑皮质中进行活动,结果是产生我们称之为味觉、嗅觉、触觉、视觉或听觉的心理对象。

2. 感觉的本质

感觉告诉我们世界的属性——在实际经验中,除了它们所属的物体之外,感觉是永远不被人知的。也就是说,当我们看到黄色或红色时,它总是与某个表面或物体相连;当我们尝到酸味时,这种品质属于某种物质,所有感官都是如此。然而,我们所说的感觉,仅仅是指在意识中,由于适当的刺激作用于末梢器官而知道的物体的简单特性。稍后我们将看到通过感知这些品质如何融合或组合成物体,但在本章中,我们只关注这些品质。因此,感觉是我们可以从物质世界得到的最简单和最基本的知识——红色、蓝色、苦涩、寒冷、芳香,以及属于外部世界的任何其他品质。我们暂不关注物体或品质的可能来源。

引用杰姆斯关于感觉含义的解释:"在这一点上我们只能说,我们所说的感觉是意识中的首要事项。它们是神经电流在唤醒与过去经验的任何建议或联系之前进入大脑时意识到的直接结果。但很明显,这种直接的感知只能在生命的最初几天才能实现。"

感觉的属性——感觉至少在四个方面各不相同,即品质、强度、广度和持久性。

品质上的差异使我们辨别:这张纸是红色的,那张是蓝色的;这种液体是甜的,而那个是酸的。例如,人们可以把红色和蓝色或甜与酸相比较,并说出他更喜欢哪种品质。但是让他试着比较红色与甜或者蓝色与酸,品质差异是如此之大以至于似乎没有比较的基础。

每个喜欢在咖啡中加两块方糖而非一块糖的人都熟悉感觉强度的差异;甜味在任何一种品质下都是相同的,只是强度有所差异。在感觉的每个领域,强度可以从最小的数量到可识别的最大数量。一般来说,感觉的强度取决于刺激的强度,尽管感觉器官关于疲劳或适应刺激的情况有其影响。很明显,刺激可能太弱而不能产生任何感觉。例如,一杯咖啡里的几粒糖或一升水里几滴柠檬汁是无法被检测到的。同样的,刺激的强度可能非常大,强度的增加不会对感觉产生影响。例如,在糖精溶液中加入糖不会有明显甜度的增加。感觉的最高和最低强度点分别被称为上下缘或阈值。

广度是指感觉的空间差异。牙签尖在皮肤上的接触与平头铅笔的接触有不同的空间品质。低音似乎比高音有更高的音量。有些疼痛感觉敏锐,有些则不易察觉。把手掌伸向火堆时所感受到的温暖与单指加热时所感受到的不同。感觉的广度取决于刺激神经末梢的数量。

感觉的持久性是指它持续的时间。这不能与刺激的持续时间混淆,刺激的持续时间可能比感觉的持续时间长或短。每种感觉必定存在于一定的时间空间里,或长或短,它与意识无关。

3. 感官品质及其末端器官

大家都熟悉我们生理学上的五种感官,即眼睛——视觉、耳朵——听觉、舌头——味觉、鼻子——嗅觉、皮肤——触觉。然而,对感觉更全面的研究显示,我们的感官是这个数字的近三倍。这就是说,人体装备了十多种不同类型的末端器官,每种末端器官都准备接受自己特定类型的刺激。还必须理解的是,一些末端器官产生不止一种感觉。例如,眼睛不仅有视觉,还有肌肉感觉;耳朵不仅有听觉,而且有触觉;舌头不仅有味觉,而且有触觉以及寒冷和温暖的感觉。

眼睛——眼睛是一种距离感官。有了眼睛我们能看到远方。刺激的作用是化学的,这意味着光波在撞击视网膜时引起化学变化,从而建立负责感觉的神经电流。

眼睛的基本结构在所有生理课本上都得到了充分的描述,它由一种视觉装置构成,该视觉装置被设计成使物体的图像在视神经入口点附近的中心凹处或最清晰视觉区域处清晰地聚焦在视网膜上。

在没有其他感觉的情况下，来自视网膜图像的视觉为我们提供了两种品质——光和颜色。眼睛可以分辨出许多不同等级的光，从最纯的白色到各种灰色再到最暗的黑色，颜色的范围更大。我们谈到光谱的七种颜色，紫色、靛蓝、蓝色、绿色、黄色、橙色和红色。但这不是一个非常有用的分类，因为普通眼睛可以分辨出 35 000 种颜色效果。还有一点令人困惑的发现，所有这些颜色似乎产生于四种基本色调——红色、绿色、黄色和蓝色。这四种色调以不同比例和不同程度的光(即不同灰度)组合在一起，产生人眼已知的所有颜色效果。根据赫舍尔估计，罗马马赛克的工人们必须能分辨出 30 000 种不同的色调。颜色的色调是指其基本的品质，如红色或黄色；色度，是指其饱和度或颜色的强度；色彩，是指其包含的亮度(比如白色)。

耳朵——耳朵也是一种距离感官。它的刺激作用是机械的，也就是说，发声体在空气中产生的振动最终通过中耳的机制传递到内耳。在这里，脉冲通过内耳的液体传递到神经末梢，就像许多微小的振动一样，产生由听觉神经传导到大脑的神经电流。

听觉和视觉一样，给了我们两种品质，即音调及其伴随的音高、音色、噪声。音调或音声，是由同步或等时振动产生的；因此，第一个八度音阶的 C 是由每秒 256 次的振动产生的，如果这个音调被延长，振动频率将保持一致。另一方面，噪声是由振动速率不均匀的振动产生的。耳朵对音调的敏感度超过了七个八度。一架七个八度钢琴的振动频率达到了每秒 3 500 次。然而，普通的耳朵可以听到近 50 000 个振动频率的音符，尽管这些音符过于刺耳，不适合演奏。考虑到这个上限，耳朵的听力范围大约是十一个八度音阶。耳朵使我们听到了音调的响度，这取决于振动的振幅；音高取决于振动的速度；音色或音质取决于振动的复杂性，它没有进一步的声音品质可以揭示。

舌头——味觉主要位于舌头上，舌面上散布着许多微小的味觉球(味蕾)。这些小的红色斑点在舌部边缘和舌尖分布最丰富。舌头所尝到的物质必须在溶液中，并与神经末梢接触。刺激的作用是化学作用。

味觉能识别出酸、甜、咸和苦四种品质。我们称之为味觉的许多品质实际上是味觉、嗅觉、触觉和温度的综合体。嗅觉对味觉的影响很大，当我们患了鼻黏膜炎时，由于鼻子被阻塞，可以服用许多令人恶心的药物而不会感到不适，但是许多食品都变得“无味”。如果我们小心翼翼地用棉花堵住鼻孔来阻挡所有的气味进入可能没有人能根据味道区分开去皮的苹果、马铃薯、萝卜或甜菜，或者分辨出同样温度的热牛奶、茶或咖啡。

鼻子——鼻腔上部有一小块褐色的黏膜，嗅觉神经末梢位于此处。气味物质必须是挥发性的，也就是说，必须以气态形式存在，并与神经末梢直接接触。

化学作用产生神经电流。

嗅觉的分类并不像味觉那么好,我们对嗅觉也没有明确的命名。我们也不知道嗅觉能揭示多少种嗅觉品质。唯一明确的嗅觉特征分类是基于它们的愉悦性或相反的性质。我们还借用了一些术语,说甜或香的气味和新鲜或相近的气味。当我们观察动物,甚至原始人类时,有证据表明人类对某些气味的敏感性不断增强,但同时人们对气味的敏锐性降低。

来自皮肤的各种感觉——皮肤除了是一种保护和排泄器官外,还为末端器官提供了一个栖身之处,这些末端器官使我们感受到压力、疼痛、寒冷、温暖、瘙痒等。压力似乎有它的末端器官——皮肤的毛鳞茎;在无毛发区域,称为麦斯纳氏小体的小球体起到相同的作用。疼痛被认为是由自由神经末梢传导的。寒冷的感觉依赖于被称为克劳泽氏小球的末端器官;温暖感觉末端器官位于鲁菲尼氏小体。

皮肤可以感知如压力、击打或瘙痒等机械刺激,冷或热物体的温度刺激,电刺激或如酸等物质作用引起的某些化学刺激。在机械刺激下,皮肤产生压力和疼痛两种感觉。许多我们通常认为是皮肤感觉的品质实际上是一种复杂的皮肤和肌肉的共同感觉。接触是轻微的压力,硬度和柔软度取决于压力的强度。粗糙度和光滑度分别由间断压力和连续压力产生,需要在粗糙或光滑的表面上移动。触摸取决于与动作相关的肌肉感觉所伴随的压力。疼痛显然是一种不同于压力的感觉,任何皮肤或肌肉的感觉,通过过度的刺激,都可能被转化为疼痛。皮肤的所有部位对压力和疼痛都很敏感,某些部位,如指尖和舌尖,比其他部位更敏感。皮肤对冷热的敏感性也各不相同。如果我们拿一个热的或冰凉的铅笔尖,轻轻地、缓慢地在皮肤上移动,很容易发现某些点,从这些点可以感觉到温暖或寒冷。以这种方式,可以非常精确地定位温度的末端器官。

肌肉等运动器官的感觉——肌肉、肌腱和关节也能产生完全明确的感觉,但它们并没有像大多数其他终端器官的感觉那样被命名。重量是这些感觉中最明显的标记。我们正是通过与肌肉、肌腱和关节运动相关的感觉来判断形状、大小和距离的。

内部器官的感觉——最后,必须再加上那些来自身体内部器官的感觉。我们从消化道获得饥饿、口渴和恶心的感觉;从心脏、肺和性器官中产生了许多定义明确但未命名的感觉。这些感觉在构成我们日常生活的感觉基调中起着重要作用。

因此,我们看到,感官可以被视为身体的哨兵,是我们与大自然接触的哨兵。它们发现了我们接触的各种物体的特性,并以感觉的形式传递给大脑。这些感觉是我们开始建造我们物质环境的原材料。只有当我们拥有了良好的感官,特别是良好的眼睛和耳朵,我们才能完全进入周围的美好世界,并接受我们思想和行动所必需的刺激。图 6－1 所示为手背上热点和冷点分布情况。

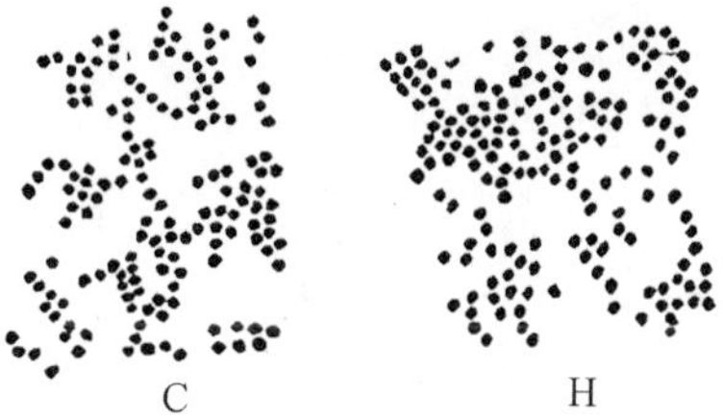

C—冷点；H—热点。

图 6－1　显示手背上的热点和冷点分布

4. 观察与反思的问题

1. 观察工作中的儿童教室，寻找任何有视力或听力缺陷的儿童。观察他们是什么症状？听不清或看不清对兴趣和注意力有什么影响？

2. 和你的老师谈谈在一些学校测试孩子眼睛和耳朵的问题。简单的视力和听力测试很容易进行。应该使用什么样的测试？你们学校有视力测试卡吗？

3. 使用旋转器或彩色顶部混合黑白光盘，以产生不同的灰色调。灰色由半白半黑构成，四分之三白和四分之一黑，或四分之一白和四分之三黑，都能形成灰色。

4. 以同样的方式将黄色和蓝色混合在一起形成灰色；以同样的方式混合红色和绿色。尝试四种基本颜色的不同组合，就会发现不同颜色是如何产生的。在自然界中寻找相同的颜色——天空、树叶、花朵等。

5. 拿一根大铁钉，把它穿过软木塞，这样就可以不用手指触摸金属。在冰或冷水中冷却它，然后晾干，慢慢地在手背上移动钉尖。当钉尖经过一个克劳泽氏小球时，你是否偶尔会感到寒冷的刺激？用火柴或在灯上加热铁钉，并进行相同的实验。你能感觉到来自鲁菲尼氏小体的热刺激吗？

6. 试着用棉花堵住鼻孔，让别人给你削了皮的苹果、马铃薯、洋葱等，看看是否仅凭味道就能分辨它们。为什么不能品尝硫黄？

第七章　知　　觉

孩子最初无法看到我们成人看到的物体，或者听到我们听到的声音。这种力量——感知的力量，是一种循序渐进的发展过程。它日复一日地从学习者的视觉和声音世界，以及其他感官响应领域的经验中成长。

1. 知觉的功能

了解物质世界的需要——知觉的任务是让我们了解我们的物质世界，以及它们在空间和时间上的关系。我们通过感官之门进入的物质世界，远比故事讲述者的幻想创造的任何童话世界奇妙，因为它不仅包含了童话世界所构想的一切元素，而且更多。它比人类头脑中计划和执行的任何结构都要奇妙；因为在建筑师亲眼见到这些宏伟的建筑结构之前，古罗马竞技场或圣彼得大教堂的所有奇观和美丽都存在于大自然中。文明的物质进步不过是发现了自然的物体、力量和规律，以及它们在人类发明中的应用。这些力量和自然法则只有在通过物质世界的物体显现出来的时候才会被发现。

那么，每个想要完全进入这个丰富环境的人所面临的问题是，要尽可能亲自去探索他周围的物质世界。在最平凡生活的最简单的环境中，人们会发现那些用来探索和发明的素材，而这些素材是做梦也想不到的普通。牛顿躺在辽阔天空下的苹果树下，从一个落下的苹果中理解万有引力定律的基本原理，这使科学发生了革命性的变化；瓦特坐在一张简陋的茶几旁，看着水壶里冒出的蒸汽发出咕噜咕噜的声音，并从中受到启发，发明出蒸汽机；富兰克林用他简单的风筝从云层中引出闪电，开始了电学的研究；通过研究一个球，古代学者设想地球是一个球体，因而哥伦布发现了美洲大陆。

孩子面临的问题——刚开始人生旅程的孩子，看不到他面前的任务有多么艰巨。他投身于一个物体的世界中，完全不知道这些物体的存在，必须通过缓慢且经常是痛苦的经历来学习这些物体的意义和用途，他循序渐进地通过感官来发现其周围的物体。然而，再想一想，我们自己毕竟只是比孩子领先一步来到这个世界。虽然我们比儿童更熟悉感官的运用，也更了解我们自己和一些其他知识，但是最聪明的人的知识与大自然的浩大博深相比也少得可怜。因而我们不可能了解所有的物质环境。有的人一生都在研究某种植物，而周围有成千上万种不同的植物；有的人研究一种特殊的动物的生活，也许小到了肉眼看不见，而世界充满了如此多种类的动物，以至于在他短暂的一生中，没有时间停下来去研究其他动物；还有人研究地貌，从岩石和地质地层中读取地球的历史，但是同样，自然的体积是如此之大，以至于他有时间去阅读的只是整个地球的一小部分。也有人研究人体，从人体的表现中读取健康和疾病的征兆，并为其疾病开处方；但在这个领域，他也发现有必要进行分工，所以几乎针对身体的每个器官我们都有专家。

2. 知觉的本质

知觉是如何形成的——那么，我们如何着手探索这个物体的世界呢？让我们观察孩子，从其身上学到秘密。给婴儿一个球，他会把每种感觉运用到球上去发现其品质。他凝视着球，用手拿着它，翻来覆去抚摸它，用拳头击打它，用手戳它，把球放到嘴里咬；他抛球，把球扔出，然后在它后面爬行。他千方百计探究那东西到底是什么。他通过理性的途径获得的品质，来建构这个物体的概念。他不仅知道球是一个物体，而且也知道它的用途。他从其所得到的感觉和他所使用的角度，形成了自己对球的最佳定义，这甚至在他能给球命名，或是在听到这个名字就能识别出来之前。他的方法比起稍后上学时学到的“球是任何物质或大小的球形物体，可以用来玩，如投掷、踢或拍等”的概念好太多了！

知觉涉及物体的所有关系——这种情况与我们自己也不尽相同。当我们想了解一个新的物体或探究一个旧物体的新特性时，如果明智的话，我们就像孩子那样去做。我们把它所能承受的每种刺激都应用到它身上，最后通过它的各种特性认识这个物体。如果我们能将它所传达的每种意义与之联系起来，我们就会对它有一种完全的理解。事实上，我们最终未能从它的功能或用途上感知到它，到目前为止，我们也未能完全了解它。在发现西红柿不仅适合观赏，而且适合品尝之前，西红柿已经作为园林观赏植物种植很多年了。

知觉的内容——知觉总是包含着感觉的基础。眼睛、耳朵、皮肤或其他感觉器官必须转变其感官物质的供应，否则就没有知觉。但是知觉不仅仅包含感觉。例如，想象一下，一辆汽车快速驶过你的窗前，你几乎没看到那辆车，但你却把它理解为是一种非常熟悉的交通工具。你的感觉器官所能提供的只是一个模糊的、具有一定尺寸和轮廓的黑色斑块，以及你知道是载有乘客的一个或多个颜色稍有不同的物体，还有各种呼啸、咕噜或咆哮的声音。你以前在汽车方面的经验使你能够将这些微不足道的感官细节与软垫座椅、旋转的轮子、摇摆的运动，以及其他任何属于汽车的全部意义的东西联系起来。

只有感官材料,缺少所有记忆元素、想法和意义的知觉,根本就不是知觉。这就是为什么一个小孩不能像我们成年人一样看到或听到周围世界的原因。儿童的知觉缺乏对末梢器官所提供的感觉元素给予重要性和意义的联想材料。这种感知对过去的经验的依赖,也可以用一个普通的说法来解释,即人们从艺术展览或音乐会上的收获取决于其带去了什么。一个没带来知识、记忆,没有源自其他图片或音乐的影像的人,只会获得相对贫乏的感知,除了单纯的感官元素外,几乎没有其他的知觉。诚然,在感知领域"要给予他应得的"。

知觉的准确性取决于经验——我们必须通过我们对物体的运动反应以及感觉来感知物体。从商店橱窗里看一个球拍,或者在房间里拿一个球拍看一眼,这个男孩对球拍的了解永远不会像在球场上用球拍玩球的男孩透彻。物体的意义不仅仅来自它们的特性,更重要的是来自于它们与我们活动相关的用途。

像孩子一样,要想学得好,我们必须从物体本身入手,而不是从他人对其描述入手,了解物体的知识。我们周围物质世界如此丰富,以至于我们永远都希望去学习这一切,这使得我们有必要把许多关于自然的发现写进书中。我担心,这种必然性已经把许多人从大自然引向了书籍——从活生生的现实事物引向了冷冰冰的文字,在这些空洞的文字中,我们几乎看不到事物本身所蕴含的意义。我们有可能处于没有知识的实质,只对知识的形式感到满意的危险之中——满足于语言上的定义,而不是特性和用途。

不是通过定义,而是通过直接接触了解——用同样的方式我们了解了什么是距离、形式和大小。如果我们从来没有真正通过走一千米、跑一千米、骑自行车行驶一千米、骑马一千米,或者乘火车旅行一千米来熟悉一千米的概念,我们可能会长时间地听某人说一千米有多远,或者说从芝加哥到丹佛的距离有多远,除了词的定义外,我们对它一无所知。为了理解一千米,我们必须通过我们自己的感官活动尽可能多地了解它。虽然许多孩子已经知道地球周长 40 076 千米,但是对一个没有环绕过地球的人来说大概对 40 076 千米到底有多远不会有任何准确的概念。因为言语不能代替感知给予我们知识。在短距离的情况下,同样的规则成立。眼睛必须借助于肌肉、肌腱和关节实际行走距离的经验,并且学会将这些感觉与眼睛的感觉联系起来,然后眼睛才能够说:"那棵树有 10 杆远。[①]"(一杆约等于 5 千米——译者注)物体的形式和大小都要以同样的方式学习。手必须实际地接触和握住物体,体验它的硬度或光滑度,以及它的曲线和角度的感觉,感受手抚摩该表面和这条线所需的肌肉能量,在这个过程中眼睛一直在记录,直到眼睛能一眼看出那物体是一个球体,这个表面有半米长。

---

① 1 杆≈5 千米。——译者注。

3. 空 间 感

许多人一直对空间的本质和人们对它的感知进行哲学上的争论。心理学家甚至为人们是否具有与生俱来的空间感，或者它是否是经验和训练的产物而争论不休。不过我们今天不必关注这些争论。对于这个讨论，我们可以接受常识所理解的空间。至于空间感，无论我们出生时拥有什么样的空间感，它都必须通过使用和经验来发展，从而才具有实用价值。在空间感知中，我们必须感知距离、方向、大小和形式。然而，事实上，大小就是距离；形式不过是这个方向、那个方向或另一个方向上的距离。

距离感——毫无疑问，眼睛是我们测定距离的主要工具。然而肌肉和关节感觉给予我们最早的距离知识。婴儿之所以伸手够月亮仅仅是因为眼睛没有告诉他月亮够不到。只有当孩子伸手去拿玩具，跟着玩具走或爬行时，并以各种方式利用它的肌肉和关节来测量距离时，距离感才变得可靠。

同时，眼睛正在慢慢地发展其判断距离的能力。没过几年，距离的视觉感知在任何程度上都变得准确了。眼睛对距离的感知部分取决于由控制眼睛的肌肉产生的感觉，一部分来自晶状体的调节，一部分来自视网膜图像。如果一个人试着看自己的鼻尖，他很容易感觉到由所需的角度调整引发的肌肉扭曲。视网膜图像在判断距离中所起的作用，在观察两棵树时很容易理解，一棵树 10 米远，另一棵树 100 米远。我们注意到，较近的树显示了树皮和树叶的细节，而更远处的树则缺少这些细节。较近的树也比远处的树反射更多的光。这些微小的差异，记录在视网膜图像上，在很大程度上代表着距离。

耳朵也可以通过声音特性和强度的差异来感知距离。然而，听觉对距离的感知从来都不是非常准确的。

方向感——就像距离感一样，运动感觉给予我们对方向的第一个感知。孩子必须向这边或那边才能拿到他的拨浪鼓；转动眼睛或高高抬起头部以便看到一个有趣的物体；扭动身体，爬或走到一边或另一边去扶住他的瓶子。在这些经历中，他获得了对方向的第一个认识。

随着这些肌肉关节的体验，眼睛也在接受训练。图像在视网膜上的位置代表方向，眼睛最终发展出如此显著的感知方向的能力，以至于悬挂偏离铅垂方面 1 厘米的画成为烦恼的根源。耳朵在感知方向上发展了某种技能，但不如眼睛可靠。

4. 时 间 感

哲学家和心理学家们对我们时间感的认同比对空间感的认同要稍好。然而,我们可以确定,我们对时间的感知取决于发展和训练。

时间意识的本质——我们对时间的理解不如对空间的理解那么透彻。然而,很显然,我们对时间的理解比我们对空间的理解要简单——时间包含的内容更少,我们所能描述的内容也更少。也许我们关于时间观念中最基本的部分就是前进,或者说是变化,没有它,我们根本很难想到时间。问题因而变成了:我们如何理解变化或连续?

如果观察一个人的思想流,就会发现意识的运动不是一致连续的,可以说他的思想是以脉冲或短暂的冲动运动。当我们在寻找某个事实或结论时,会有一刻的期待或停顿,然后向前跳跃到期望的点或结论,立即开始我们思维的下一个目标点。我们称为“当下”的时间所流逝的几秒钟的感觉包括认识到这些意识脉动的延续,以及某个器官的节奏,如心跳和呼吸。

没有空余时间的感觉——我们的感知不会在空余时间起作用。时间必须被一系列事件填满,无论这些事件是在我们自己的意识之内,还是在外部客观世界。所有较长的时间段,如小时、天或年,都是由它们所包含的事件来衡量的。被有趣的和吸引我们的事情填满的时间,在经历时似乎很短暂,但在回首往事时却更长。另一方面,相对缺乏有趣经历的时间,在经历时异常煎熬,但回顾起来,却似乎很短。两周的旅行比两周的疾病过得快,但是会留下更多的事件供记忆作为“填充”时间来回顾。

可能没有人对时间长度有非常准确的感觉,即一年甚至一个月的实际持续时间!因此,我们把时间划分为如周、月、年和世纪等便捷的单位。这使我们在知觉无法掌握时间长度时能够用数学术语来记录时间。

5. 感知训练

在物质世界和精神世界中,有许多人,“有眼睛,却看不见;有耳朵,但听不见”。在物质世界中,准确而丰富的感知能力不仅取决于良好的感官,还取决于兴趣和观察习惯。如果我们漠不关心或未经训练,很容易看不到美丽的风景、图画;如果我们缺乏兴趣或技巧去听管弦乐队或大自然的声音,就听不见。

感知需要训练——感知的训练并不能完全依赖于学校。因为我们周围的世界不断地对我们的感官产生吸引力。无数个景象、声音、接触、味道、气味或其他感觉,每时每刻都会涌向我们,这种吸引力是不可抗拒的。我们必须在某种程度上关注。我们必须观察。

然而不能否认的是,我们大多数人的感知能力较弱;我们不知道怎么做,或是费力地去观察。例如,一个陌生人被带到教室,由老师介绍给 50 名心理学专业的大学生。全班人认为陌生人是来演讲的,他们好奇地看着他。但是,在他们面前站了一会儿之后,陌生人正如老师安排的那样,突然走了。然后班上的同学们被要求描述这个陌生人,这样才能让一个从未见过他的人认出他。但是全班同学的观察力太差了,他们把他描绘出了四种颜色的衣服,三种颜色的眼睛和头发,有许多不同颜色的领带,身高从一米六到一米八不等,年龄从28 岁到45 岁不等,还有其他细节也五花八门。但这个班级学生的感知能力也不可能低于平均水平。

学校在感知方面的训练——在促进学生感知能力方面学校大有可为。但要做到这一点,孩子必须不断地与周围的物质世界接触,并学会观察。书籍不能代替事物,定义不能代替实验或探索。地理和自然研究应主要在户外进行,安排的课程应能够让儿童去户外,以便观察和调查。鲜活的和成长的万物、天空和云彩、夕阳的颜色、翻起的土壤的褐色、三叶草或新割的干草的味道、夏夜的声音、识别常见鸟类或牛的种类的区别标志,这些和其他上千种在最简单的环境中吸引我们的事物——环境为培养感知能力提供了丰富的机会。如果一个人已经学会了观察,并且时刻注意观察大自然,那么对他的教育已经完成了一大部分。

6. 观察与反思的问题

1. 快速走过一个摆满商品的橱窗,然后看看你能说出多少物品,以此来测试你的观察能力。

2. 假设一个裁缝、一个鞋匠、一个医生和一个侦探站在你经过的街角上。每个人最有可能观察到你的哪些方面,为什么?

3. 仔细观察不同距离远的几棵绿树:四分之一千米、一千米、几千米,看看有何不同?请描述以下差异:颜色、亮度或光线、细节。

4. 你能认出多少种常见的鸟?你认识的树有多少种?野花有多少种?野草有多少种?

5. 观察一所小学的教学工作,以确定:

(1)是否地理、自然研究、农业等方面的教学,都需要使用眼睛、耳朵和手指?

(2)是否使用定义来代替任何学科中的第一手信息?

(3)对学生的授课,尤其是在户外,是否包括需要使用感官的工作?

(4)算术中的过程是否需要运用感官和推理?

(5)语言课程是否使用观察力?

第八章　心理印象与思维

当你坐着思考的时候，你的想法会以多种不同的方式出现在许多不同的维度中。然而，有了这些多样性，你的思想就有了这个共同特征：虽然你的思维都发生在我们所说的当下，但它在很大程度上取决于过去的经历。

1. 过去经验所扮演的角色

当前的思考依赖以往的经历——你所看到、听到或感觉到的事物的印象或想法；你曾经想过的，现在又重新出现在你身上的事物；你所记得的事物，如姓名、日期、地点、事件；你根本不记得的，属于过去的事物。然而，这些事物构成了你精神流的很大一部分，并且成为你思考的内容。你可能会想到现在正在发生的事情，或者将来发生的事情；但是，毕竟你依靠过去的经历来成为你当前思考的素材。

事实上，没有任何与你过去经验无关的东西能进入你现在的想法。原始森林里的印第安人从来不会想要用步枪杀死一只鹿，或用机关枪向敌人开火来消灭他们——这些都与他过去的经历无关，因此他根本不会去这么想。

由过去诠释的现在——除了过去的经验之外，我们不能思考，即使我们能够思考，现在对我们来说也毫无意义，因为现在是根据过去来解释的。一个稳重的大人物，他从来没有参加过体育运动，无法理解在竞争激烈的比赛中对手之间的狂热情绪。对于那些从未体验过因美而产生吸引力的人来说，精美的艺术品只是些画布和斑驳的色块而已。

未来也取决于过去——对于不能运用过去经验的人来说，未来也是不可能的，因为我们只能通过分析已知的内容去展望未来。那些从未见过闪闪发光的黄金的猎人不会梦想有一个铺满黄金街道的天堂，而是梦想着一个“快乐的猎场”。如果你要分析自己对未来的梦想，你将会在梦想里看到一些熟悉的画面，这些画面可能以新的形式组合在一起，但无论如何，这些画面的元素来自你过去的经历。对于一个没有过去的人来说，剩下的只有一座我们称之为“现在”的时间的小桥和一系列无关的信息。他是不能有思想的，因为他大脑里没有任何可比较和联系的对象。他也没有个性，因为个性需要经验的连续性，否则我们每个成功的时刻都应该是一个新人，没有记忆和计划。这样的头脑根本就没有思想。

等级是由利用过去经验的能力决定的——过去的经验在决定我们当前的思想和指导我们未来的行动方面是如此重要，以至于个人在群体中的地位很大程度上取决于从过去的经验中获利的能力。科学家告诉我们，许多动物物种，它们失去了生命，并遭受了灭绝的痛苦，因为很久以前，当气候开始变得越来越冷时，它们无法利用上一个寒冷季节的痛苦经历作为寻找庇护所的动力，或者搬到一个更温暖的气候环境下来应对下一个更严酷的气候。人类能够做出调整，并且为自己提供衣服、住所和食物，因而得以生存，而无数低等生物则灭亡了。

被烧焦的飞蛾敢于一次又一次地扑向折磨它的火焰，最后献出生命，为它的愚蠢献祭；被烧伤的孩子会害怕火，而不会尝试第二次。与其他个人或国家相比，也可以确定个人或国家的效率。低效的人总是一遍又一遍地重复相同错误或无用的行为，没有重复可能导致成功的偶然有用行为。他们不能吸取教训，不能以经验为指导。他们的过去不足以服务于他们的现在，并通过它指引未来。

2. 过去的经验如何得到保留

过去的经验在心理和生理上都保存着——既然过去的经验在我们的安全与健康中起着如此重要的作用，那么如何保存它，以便我们能够从中受益呢？我们发现头脑和身体在完美和谐地工作，每一方都为促进双方的利益而尽力。我们过去的经验对我们产生的影响可以从我们的生理和心理两方面来解读。

在生理方面，过去的经验是通过对身体组织，特别是对大脑和神经系统的精细组织工作的习惯做法以一定的方式记录下来的。这在外表上是显而易见的。工人微驼的肩膀和弯曲的身躯讲述了一个体力劳动的故事；城市血汗工厂里工人苍白的嘴唇和脸庞透露出污浊的空气、漫长的工作时间以及匮乏的食物；儿童红润的脸颊和跳跃的脚步，意味着新鲜的空气、美味的食物和快乐的游戏。

在心理方面，过去的经验主要通过印象、观念和概念来保存。概念的性质和功能将在后面的章节中讨论。当前我们的目的是研究印象和思想的本质，并注意他们在大脑活动中所扮演的角色。

印象和观念——为了理解印象的本质，进而理解观念，我们最好回到知觉。你看我拿在你眼前的手表，就对表产生了知觉。简而言之，就是这样：黄色物体反射到视网膜上的光会产生神经电流，在大脑视觉区的细胞中形成某种形式的活动。瞧！关于手表的印象在你的脑海中闪现。

现在我把手表放在口袋里，这样刺激就不再出现在你的眼睛里了。然后请你想想我的手表，就像你看着它一样；或者你可以不用按照我给你的建议自己去想。无论哪种情况，大脑皮层视觉区域的细胞活动大致与知觉有关。瞧！手表的印象在你的脑海中闪现。因此，印象是以前知觉（或多个知觉）的近似副本。它是通过其他大脑中枢的神经电流间接引起的，而不是像感知一样直接通过刺激感觉器官引起的。

如果你不想了解关于我手表的确切形象，而只是想了解它的一般含义和关系，比如它是金质的，它是用来看时间的，它是别人送给我的礼物，我把它放在我的上衣左口袋里，那么你就对这块手表有了概念。因此，我们对一个对象的观念是我们所赋予它的一般含义和关系。然而，应该记住的是，印象和观念这两个术语使用得相当随意，而且文学家们在使用上还没有普遍的一致性。

我们所有的过去经验都存在于大脑中——在某种意义上，印象可以取代知觉，我们可以再次体验我们以前所知道的景象、声音、味道和气味，而不需要真正刺激感官。以这种方式，我们过去的所有经验都可以被现在使用。我们所看到的所有物体，都有可能在头脑中再现，而不必把物体摆在我们面前；我们所听到的所有声音，我们经历的所有味道、气味和温度，可能再次以心理印象的形式呈现给我们的大脑，而不用刺激感官的末端器官。

通过印象和观念，我们体验到的物体的总数是无限倍增的；对于我们见过、听过、闻过、尝过的，我们无法再呈现给感官，如果没有这种使用印象和思想的能力，我们就再也无法获得它们了。除此之外，每次我们需要在思想中使用它时，必须去重新获得每个感觉或知觉是不方便的。因此，习惯在生理上保存了我们过去的经验，而印象和思想在心理上也做了同样的事情。

3. 印象的个体差异

通过内省来观察印象——印象的其他说明很容易理解，因为每个人都知道在任何情况下吸引自己的思想意味着什么？你不要以为我说的是新奇事物，这是学者们发现的一种与我们思想有关的好奇心，他们对这个问题的深入研究超过了我们的想象。每天——不，不止如此，每时每刻——这些印象都在我们的头脑中闪过，形成了我们意识流的大部分。让我们看看能否把注意力转移到我们的内心世界，去探索飞行中的一些印象。让我们内省。

我知道没有比弗朗西斯·高尔顿（1822—1911，英国科学家和探险家，著有《遗传的天才》——译者注）几年前采用的方法更好的了，当时他要求英国文学家和科学家回忆他们的早餐桌，然后描述出现的图像。我要请你们每个人都做同样的事情，但是我想事先告诉你们，这些图像不会像感官体验本身那样生动。它们会更微弱，更模糊，更不明确；它们将转瞬即逝，必须牢牢抓住。通常印象可能会完全消失，而只剩下观念了。

餐桌所反映的各种印象——现在让每个人回忆一下你上次离开餐桌时的情

景，然后回答与之相关的问题，如下所示：

我能清楚地从我的“头脑的眼睛”里看到整张桌子在我面前摊开吗？我能清楚地看到它的所有部分吗？我能看到亚麻台布的雪白和光泽吗？我能看到瓷器的精致色彩吗？这样我就可以看到粉红色的阴影从哪里变成白色了。能看到碗碟的优美线条吗？还有银器的光泽？烤面包的棕色以及奶油的黄色？能看到玫瑰花束中浓郁的红色和深绿色吗？能看到玻璃器皿的闪光吗？

我能再听到盘子的嘎嘎声吗？勺子碰杯子的叮当声？椅子移动的声音？各具特色的音调和音质的唠叨声？窗外鸟儿的叽叽喳喳声？远处的铃声？附近蟋蟀的叫声？

我能清晰地品尝出牛奶的味道吗？咖啡、鸡蛋、咸肉、面包卷、黄油、果冻、水果的味道呢？我能闻到咖啡的开胃气味吗？肉味呢？橘子和香蕉的果香呢？门外丁香花丛的芬芳气味呢？手帕上散发出从向阳植物中新提取的香水的芬芳味道呢？

我是否能回忆起手指在柔软桃子上触摸的感觉？在光滑的苹果上触摸的感觉？抑或是在玻璃器皿上的触摸感？是否能够回忆起清新亚麻布料的质感？皮质座椅或藤椅的质感？以及穿新衣服的感觉？我是否能清楚地感受到热咖啡在口中的温度？热盘子在手中的温度？冰水的温度？以及从敞开的窗户徐徐飘入的清凉微风的温度？

在端送分量不轻的盘子时，我能再次感受到肌肉和关节的紧张吗？在咀嚼牛排时，我是否能感受到下颚的运动？交谈时，是否感受到喉咙和嘴唇的抖动？大笑时，是否感受到胸部和膈膜的振动？坐下和站起时，是否感受到肌肉的运动？用刀叉和勺子时，是否感受到手和手臂的运动？我是否能再次感受到新牙长出时的疼痛？能否感受到橘子汁液溅到眼睛里的酸痛？以及偶尔发作的头痛？愉快的好心情与美好的清晨有关吗？能否感受到健康体魄的感觉？以及分享喜爱食物的乐趣？

印象的力量因人而异——你们中的一些人很有可能无法在所有这些方面都获得完全清晰的图像，当然不是用同样的手段。因为任何一种感觉的印象在不同人之间都有很大的差异。一位著名的画家能把要画的对象放置在椅子上，专注地看着它几分钟后，就可以不看它，然后画出一幅与它完全相似的形象，而这种形象在画家每次把眼睛转向椅子时都会重现。另一个事例是关于一位年轻的女士，她是我心理学课上的学生。她告诉我，她从来记不清她母亲离开时的样子，即使她们只分开几分钟。通过衣服的颜色和剪裁式样，她在大脑中可以想出大概的轮廓，但却无法描绘出其特征。一个人可能根据他脑中的听觉印象就足以回忆起音乐会的大部分内容，而另一个人很可能几乎什么都记不起来。

通常来说，印象的力量或是人们对印象的使用，会随着年龄的增长而下降。

作者针对一些高中生、大学生和中年人的印象进行了较为广泛的研究。几乎毫无例外地发现,清晰生动的图像在老年人的思维中所起的作用比年轻人要小。或多或少,抽象的想法和概念似乎取代了早年的具体形象。

印象类型——虽然我们使用不同感官获得印象的能力存在一些差异,但是这里的差异可能比想象的要少。早期的教育学著作在谈到视觉类型、听觉类型,或运动类型的大脑时认为如果一个人拥有其中某种印象,那么必然会在其他类型的印象方面有所欠缺。然而,后来的研究表明这种观点是错误的。某一种类型印象良好的人很可能在所有类型的印象中都表现优秀,而缺少比较重要类型中任意一项的人很可能在所有类型印象中的表现都有所欠缺。[1] 与其他类型的印象相比较,我们中的大多数人可能更多地利用视觉和听觉印象,而嗅觉和味觉印象似乎起着相对次要的作用。

4. 印象的功能

比奈(比奈·阿尔弗雷德,法国心理学家,1857—1911 ——译者注)认为,只有一小部分人在每种类型的印象上均得到良好的发展。虽然,这无疑过分强调了印象的作用,但它确实在我们的思维中扮演着至关重要的角色。

印象为想象和记忆提供素材——想象力构建的结构源于印象提供的图像。由于各种感官提供了丰富的图像,想象能够构建很久以前的时代和事件,或者用计划或经验来策划未来。然而,缺乏印象的想象力是有缺陷的,想象力的贫瘠也揭示了印象的贫瘠,揭示了印象在情感和物质方面的匮乏。

我们的大部分记忆也以印象的形式出现。我们能够回忆起朋友的面孔、某个声音或手掌的触感,这些不仅仅是事实,而且伴随着一种新鲜、真实的感觉。我们大部分的记忆事实上是以思想而不是以印象的形式出现的。但记忆往往有助于它的准确性,并通过丰富的图像呈现出更重要的意义。

思维过程中的印象——由于逻辑思维更多的是处理关系和意义的问题,而不是处理特定对象的问题,因此印象在推理中的作用自然比在记忆和想象中的作用小。但是,它们也有属于自己的位置。学习几何或三角学的学生往往很难理解一个定理,直到他们成功地将这两个学科所涉及的平面或立体图形可视化。在天文学、力学和许多其他科学领域的思考,在某些方面得益于形成清晰并且准确的印象的能力。

印象在中文学的运用——印象的运用无疑为我们享受和欣赏某些文学形式

---

① Betts G H. The Distribution and Functions of Mental Imagery. New York: Teachers College, Columbia, 1909.

增添了更多的乐趣。伟大的作家在进行描述和叙述的过程中，普遍会使用各种各样的印象。如果我们不会应用作家们使用的印象，他们眼中最美丽的图画很可能对我们而言只是些传达乏味、无聊想法的文字。

莎士比亚在描述某些优美的音乐时，借助嗅觉这一感官使人理解他所要传达的意思：

……甜美的声音从我耳边传来
如同吮吸着紫罗兰，
悄悄地散发着幽香！
麦克白夫人喊道：
这是血的味道，
阿拉伯所有的香水都不会使这只沾满鲜血的手的气味儿变甜。

弥尔顿让夏娃说出关于毒苹果的梦：

……沁人心脾的香味，
令我垂涎欲滴，
忍不住要尝一尝。
触觉也是同样使用的：
……我牵着你的手，
这只手
像鸽子的羽毛一样柔软、洁白。

试想一下，一个从事翻译优美语句的人，却没有细腻的触觉，指尖毫无知觉，脚步沉重，那么他翻译出的语句会是怎样的呢！

因此，我不会留下任何足迹
在报春花天鹅绒般柔嫩的头上，
花草的弯折，不是我路过时留下的痕迹。

莎士比亚则运用了肌肉的印象：

就这样过了许久，他轻轻地晃了晃我的手臂，
并且频频点头示意，
紧接着就非常痛苦地发出一声深深的叹息，
那声悲叹仿佛将他整个身体叹成齑粉，
叹断了他的生命呼吸。

下面的许多段落运用了温度的印象：

不愁冱天冰雪，
其寒尚难逮及
受施而忘恩！

对于一个听觉印象匮乏的人来说，以下几行诗将会失去它所蕴含的一些

美感：

月光多么恬静地睡在堤岸上！
我们就在这儿坐下来，
让音乐的声音
悄悄潜入我们的耳边；
柔和的静寂和夜色，
是甜美和谐气息的轻抚。

请注意：勃朗宁的诗句会增添多少清晰的印象啊！

潜水冒险时，是否出现过这两个时刻？一个是如乞丐般怯懦地准备跳入水中时，一个是像王子一样骄傲地举着珍珠浮出水面时。

发挥印象作用的最佳之处——毫无疑问，许多印象涌入我们的脑海，这些印象与我们的想法无关，也没有任何用处。人人都会注意到这样的情况。此外，毫无疑问地，在很少或没有印象参与的情况下，我们也会产生很多非常好的想法。然而我们依旧需要印象。那么，我们在什么地方最需要印象呢？当其所代表的知觉将是有用的地方就需要印象。无论一个人看到、听到或通过其他感官感知，能够更好地理解、享受或欣赏的事情，他都可以通过印象，而不仅仅是通过想法更好地理解、享受或欣赏。

5. 印象的培养

印象依赖于感官刺激——印象的能力可以像其他能力一样培养。

首先，我们要将这样一个感官刺激的环境视为是绝对必要的，它会吸引所有的感官使其保持灵敏性，并且处于最佳状态，这样我们就可以更广泛地了解物质环境的对象。没有人的感官印象比他所有的感官体验之和更丰富。没有人能想象出他从未经历过的景象、声音、味道或气味。

同样，他在运动过程中必须有最大限度的自由。因为不仅通过印象使运动成为可能，而且运动行为将印象变得更加清晰和有用。事实上，真正动手制作过桌子、课桌、盒子的男孩，在之后会对这些物品中任意一件拥有了比以前更好的印象；同样，当他拥有并骑过一辆自行车时，他对自行车的印象将比仅凭他望眼欲穿地透过商店橱窗或在另一个男孩家的庭院看到的车轮的视觉感受而产生的印象更加深刻。

频繁回忆的影响——但是仅仅感觉体验和运动反应是不够的，尽管它们是构建良好印象的基础，因而必须经常回忆。日落也许从未如此辉煌，音乐也从未如此令人着迷；但如果在第一次经历过这些之后不去回忆，那么用不了多久，关于它们的记忆就会所剩无几。正是经常在经验中通过印象来重复记忆，它们才变得深刻，以便它们随时准备在下次需要使用时听从我们的吩咐。

重建我们的印象——为了丰富经验和加强对印象的回忆，我们必须增加一个因素，即印象的重建或印象的加工处理。很少有印象能准确地回忆起以前对物体的感知。事实上，这既不可能也不可取。我们回忆的印象是为了某个目的，或者考虑到某些未来的活动，因此必须是有选择性的，或者由几个或多个以前相关印象的元素组成。

因此，当男孩想要制作一个没有任何范例可依的盒子时，他回忆起见过的各种盒子的图像，并且在这些盒子中，通过许多以前的感知和印象构想出新的图像，并且这个新图像成为他的工作模型。通过这种方式，他不仅得到一个可以按照它来制作盒子的图像，而且还获得了一种新产品，这种新产品的形象不同于以往的任何一个形象，因此变得更加丰富。正是这种将我们的旧形象转变成新的、更丰富的、更具启发性的形象的过程，构成了建设性想象的本质。

我们能越多地把印象放进我们的思想中，我们的想象就越充分，我们的印象就越丰富。拼写课不仅需要通过眼睛来看，以便我们能够保留单词的视觉印象，而且需要口头背诵，以便耳朵可以提供听觉印象，语言器官可以提供正确形式的运动形象。而且还需要动手写，通过手写，最终大多数拼写的内容能够被学会并记住。

阅读课应该同时调动眼睛和耳朵，然后通过声音和手势以尽可能全面和完整的方式表达，以便与运动印象相关联。地理课不仅需要阅读，还需要绘制、塑造或构建。历史课应该做到运用每一种可能的印象形式。算术课不仅需要计算，而且要测量、称重，并运用到实际生活中去。

因此，我们可以把这一例证运用到教育和经验的每一个方面，其道理是一样的。如果我们想要完全理解并很好地记住，我们必须通过所有可用的感官来理解，并保存在每种可能的印象和表达形式中。

6. 观察与反思的问题

1. 观察一堂阅读课，并尝试确定小学生们是否能想象出他们所阅读的场景和事件。你是怎么知道的？

2. 用同样的方法观察一节历史课，看小学生们是否意识到这些事件是真实发生的，而这些人物是真实的、鲜活的呢？

3. 以相似的方式观察数学课。一个小学生正根据粉刷房间的石灰数量，来计算某一房间的粉刷费用。视觉印象是如何避免犯错的呢？

4. 想象一个边长为 3 厘米的立方体。把它涂上颜料，然后把它锯成边长为 1 厘米的立方体，让它们都保持原来的形状。三个面有颜料的方块有多少个？两面有颜料的有多少个？一面有颜料的有多少个？每个面都没有颜料的方块有多少个？使用你的想象回答这些问题。

5. 试着经常回忆各种感觉领域的印象；确定你最不擅长哪类印象，并试着改进这个领域。

6. 声乐老师是如何仅仅凭借几次歌唱考试的分数，断定他的学生歌唱水平一般的呢？

7. 花费几天时间仔细研究你的印象，看看你是否能发现你印象的主要类型。

第九章　想　　象

每个人都渴望拥有一个好的想象力，但在“什么构成了一个好的想象力”这个问题上并不是所有人都意见统一。如果我问你们当中的一些人是否有很好的想象力，你们中的许多人可能立刻会思考：自己是否有能力将疯狂的飞行带入不可能的思想领域，并从虚无中展现出不现实的东西。你可能将自己与史蒂文森、波、昆西等富有想象力的伟大作家进行比较，并通过你能否创作出他们那样的成名作来判断你的想象力。

1. 想象在精神秩序中的地位

但是，正如刚才所说的那样，这种对想象力的衡量太狭隘了。好的想象力，正如好的记忆一样，能最好地为其所有者服务。昆西、波、史蒂文森和鲍尔的这种令人头晕目眩的思绪飞扬状态的类型，对他们来说是最好的。但这并不是说他们的类型最适合你，也不是说你在其他一些想象能力领域的地位不如他们。虽然你可能缺乏他们那种特殊的想象力，但他们也可能缺少那种某天会使你出名的想象力。工匠、建筑师、商人、艺术家、农民、教师、专业人士都需要在他们的职业生涯中拥有与作家们在其领域所需的一样多的想象力，但每个人需要的都是一种专门的并且适应其特定工作的想象力。

想象的实用性——想象并不是主要的必须处理不现实和不可能的思想过程，它主要是当我们无所事事时跟着它漫游。而且这是一个必要的过程，它为我们日常的思考和行动照亮了道路——没有这个过程，我们的思考和行动就是偶然的或盲目的模仿。这是一个过程，通过这个过程，我们过去经验中的印象被整理，使其服务于我们的现在。想象着眼于未来，构建模式，制订计划。想象构筑了我们的理想，并描绘了我们实现这些理想的行为。它使我们能够在到达未来之前经历我们的欢乐和悲伤、胜利和失败。它回顾过去，让我们与古老的国王和先知一起生活，或者追溯到最初，使我们在创作过程中看到了一切。它来到现在，在每一个行为中扮演着从最简单到最复杂的角色。想象对于精神流来说，就像光对于旅行者一样，当旅行者穿过黑暗时会携带着它，想象的光束会向四面八方投射，照亮无法忍受的阴暗。

想象在历史、文学和艺术方面的诠释——让我们来看看想象最常见的一些运用。假设我向你们描述马恩河战役,除非你能把我的话所暗示的形象塑造成挣扎、呐喊、流血的士兵,塑造成堡垒、铁丝网和胸墙等场景,塑造成咆哮的大炮、呼啸的子弹和尖叫的炮弹,除非你能把所有这些单独的图像都记下来,从中得到一个统一复杂的复合体,不然我对你的描述就只是一堆没有内容的句子,而你无法完全理解历史事件。除非你能读懂这首诗,并且从这些词所暗示的图像中重建作者在写《村铁匠》或《雪崩》时脑海中的画面,否则意义就会消失,生命和行为的悸动场面也就变成死气沉沉的话语,像破壳后蝴蝶留下的茧壳一样。没有想象力,华盛顿在福吉谷过冬的历史就只是一场正式的朗诵会,你永远也看不见被积雪覆盖的帐篷、寒风吹过的景象、雪中留下的血滴痕迹,或者悲伤的指挥官跪在寂静的树林里为其部队祈祷时的景象。如果你阅读时没有能力构筑这幅画,你也许能读懂这些字句,甚至能够背诵它们并且通过考试,但是你永远无法看到鲜活的现实。

你的想象力决定了你解读各类文学作品的能力,毕竟对文学的解读不是别的,而是我们重构作者在写这些文字时脑海中的意义,以及在写这些文字时感动他的情感体验。除非我们能从书中看到现实环境中发生的鲜活的人物和真实事件,否则阅读几个世纪的历史确实没有多大用处。除非书中的人物对我们来说是真正的男人和女人——我们的兄弟姐妹,他们被不同时代的大师们所诠释,否则阅读这些伟大的书籍也没什么用。除此之外,我们不再研究文学,而是研究话语,例如没有主题的音乐,或者没有图片的相框。听人讲话也是如此,除非你的头脑跟上他的节奏,不断地构建他讲话时充满思想的画面,否则他的话对你来说只是众多的音高、强度和音质的声音感觉。如果你缺乏想象力,那么米开朗琪罗的雕塑和拉斐尔的画像对你来说就只是许多形状奇特的大理石和色彩奇特的画布。雕刻家和画家摆在你面前的东西需要你从自己的经历中提出图像和想法,以填满它并使大理石和画布鲜活,否则它们对你来说就是死的。

想象力和科学——在其他的研究领域中也需要想象力。如果没有这种从印象中构筑出来活生生的、动态图像的能力,研究超出我们感官所能立即呈现的东西的科学就没有多大用处。因为科学的一些最基本的规律建立在只有当我们拥有想象力时才能掌握的概念之上。物质分子彼此无限接近,却从未接触,都是在振动运动中,然而每个分子都在自己的轨道上,每个分子本身都是一个完整的单元,但仍能进一步分裂成更小的粒子,一个学生如果不能在清晰的视觉图像中看到这些,他对物质理论永远都不会有一个清晰的认识。最终,这意味着光、热、声音,以及许多其他的解释对这个学生来说,将是一堆杂乱无章的词语,也许会在他的记忆中徘徊,但永远不会真正为其大脑所拥有。

在望远镜领域也是同样道理。如果你可以随意使用现代天文台的所有精确的透镜和精密的仪器，但是你却没有能力将这些展现在你眼前的以及书本告诉你的东西构建到太阳系和更大的系统中，你就永远无法研究天文学，只能以一种混沌而零碎的方式学习，不管书中怎么说，所有的行星、卫星和太阳永远不会为你形成一个系统。

想象在日常生活中的应用——我们可以考虑想象的一个更实际的应用，或至少是与我们最平淡无奇的日常生活相关的应用。假设你去找你的女帽匠并告诉她你想要什么形状和装饰的春季帽子。假设你从来没有在脑海中完整地看到过这顶帽子，只有一个大致的概念，因为你喜欢红色天鹅绒、白色羽毛和翻边，这样的组合看起来会很好；假设你从来没能想过你做完各种发型后戴上这顶帽子的样子。如果你处于这种无助的状态，你难道不是最终依靠女帽匠的品位，或者接受“模特”的品位，因而不能展示你自己的品位或个性吗？

你有多少次对搭配服饰时感到失望，因为当你计划好时，不能一下子就看到搭配好后的效果；你看不见自己穿上这些服饰后的样子，因此不能够判断它们是否适合你。有多少家庭在选择窗帘、地毯、墙纸和家具时陷入了无尽的争吵？因为人们看不到它们组合在一起时的样子。有多少人规划完自己的房子后，在看到建好的房子时却打算重新再建的？在砖块铺设或木料铺设之前，不仅能在脑海中逐一看到它的细节，而且能看到完整建筑物的人就是一个建筑师。一个建筑师之所以会获得很高的薪水，是因为他们具有这种想象力。只有在开始做之前就能用“思想的眼睛”在脑海中看到他将创造的东西的人，才有能力规划他的建筑。谁不会说，处理这种类型的图像的能力不比那些塑造故事情节的能力高？

理想和计划的建立——在我们的人生理想和计划的形成中，想象力的地位也同样重要。任何不盲目的、不毫无目的生活的人一定有着某种理想，并以此来调整自己的生活，指导自己的行为。在我们生命中的某个时刻，我确信每个人都选择了一个最接近我们想要成为什么样的人，并以他为榜样来衡量我们自己。有时，我们甚至将最完美的那个人再理想化，我们赋予他一些我们从其他人身上选择的品质，我们崇拜的是部分真实部分理想化的他。

随着时间的推移，我们逐渐放弃了越来越多的严格意义上的个体元素，相应地增加了更多理想化的东西，直到我们的理想在很大程度上由我们的想象构成，我们从认识的许多人物中收集了最好的特性。我们并不知道这些不断变化的理想在我们的生活中起到多大作用，但毫无疑问，这个作用肯定不是微不足道的。快乐的年轻人能够展望未来，看到自己正在接近一些有价值的理想。他看到了一个愿景，它永远不会让他在追求飞行目标的过程中落后或动摇，这个目标就是他努力的方向。

想象力和行动——想象力的另一个伟大领域是关于行动和与他人的关系。粗心大意的人只能一次又一次地说：“对不起，我没有想到。”这句“我没有想到”

仅意味着他没有通过他的想象意识到他的轻率或不友善的话会带来什么后果。他并不是不友善，他只是没有考虑到另一个人的感受，他没有换位思考。同样，参照我们的行为对我们自己产生的影响。如果十年后他能清楚地看到自己臃肿的脸和充血的眼睛，那么当他第一次喝酒后还会继续吗？或者那个处于青春期的男孩偷偷地抽着一支烟，如果再过几年，他看见自己那张憔悴的脸和无力的手，他还会继续这样做吗？挥霍无度的人会把钱浪费在虚荣心上，他能否生生看到自己年老时的穷困潦倒？在"遥远的国度"放荡多年后回到"父亲的家"时，如果他能好好地审视自己，看到自己罪恶和破碎的人生，那么在他开始之前，还会毫不犹豫地这样做吗？

想象和思考——我们已经考虑过用想象来解释别人的思想、感受和作品。现在让我们更深入地研究想象在我们自己的思维中扮演的角色。假设我们不是在读诗，而是在写一首诗；我们不是在听一场战争的描述，而是在描述一场战争；我们不是在欣赏一幅画，而是在画这幅画。那样我们的目标是让其他人读我们的语言，倾听我们的话，或欣赏我们的作品，构建情景的心理印象，为我们的思想提供了素材。

我们的语言和其他表达方式不过是对我们头脑中图像流的描述，我们的问题是让一条类似的流流过听众的头脑，但奇怪的是，让别人看到了我们自己看不到的景象。我们不按照物品的轮廓也能画出它的一幅图画；或者假设我们在教授科学，我们的目的是向某人解释物质的组成，让他按照物质理论理解光、热等；我们自己不能形成这样一幅图像，观众却能形成这样一幅图像；或者，再一次，假设我们要描述一些事件，我们的目标是使它的每个细节都非常清晰，以至于没有人会错过任何一个细节。这说明，那些听我们说或者是读我们话的人会比我们形成更清晰的图像。

2. 想象所需的素材

想象用什么素材和心理活动来构建自己的结构呢？

印象是想象的素材——任何在我们过去的经验中没有出现，并以图像的形式保存下来的元素，都不可能进入我们的想象。印第安人不会梦想一个有黄金铺满街道的天堂，在天堂的中心矗立着一座白色的大宝座。他们并没有经历过这些事情，因此他们必须从他们掌握的图像中建立自己的天堂，即那些与追逐和森林有关的图像。他们的天堂是"快乐的狩猎场"，那里被上帝祝福的人在面对猎物和敌人时能永远取得胜利。同样地，那些拥有致命的弓箭、锋利的刀剑和战斧的勇敢的战士们在血腥的黑斯廷斯战场上取胜，却没有想象过在遥远的一天，敌方阵线会在十几英里外的护栏后用强大的武器自相残杀。当时枪炮和火药还尚未为人所知,因此没有任何印象来制造这样的画面。

我并不是说你们的想象力不能创造一个在你们整个人生经历中从未有过的对象,因为想象的工作恰好就是做这件事。它可以使用各种各样的图像,并将它们构建成以前可能从未存在过的整体,而现在只作为思想的创造物而存在。然而,我们在这个新产品中加入的并不是我们不熟悉的元素,只是换了一种形式而已。形式是新的材料还是旧的。这很好解释,发明者拿起一个机器的两个基本部件(比如杠杆和斜面),并将它们以一种新的关系组合在一起,从而构造出相当复杂的机器。与其他思维方式一样,在力学中,创造性的力量在于能够以新的关系看待旧事物,从而不断地用旧材料建造新的结构。正是这种力量让我们成为勇敢而有独创性的思想家,掉落的苹果向牛顿暗示了行星在它们的轨道上朝太阳坠落;达尔文能够用动物的大腿骨在他的大脑中想象出动物的全貌和它赖以生存的环境,因此给地球的历史增添了新的一页。

想象力的两个因素——从我们刚才考虑的简单事实来看,我们的想象力取决于两个因素:(1)记忆中可用的图像形式作为材料;(2)我们的建设性能力,即基于某种目的将这些图像组合成新的整体的能力。如果没有这个能力,想象的产物就是白日梦,在某些场合,这可能是令人愉快的,但作为一种习惯性的思维方式是极其危险的。

想象受到印象库存的限制——大脑的想象力受印象存量的限制:假设你拥有一座砖砌的建筑,但是你发现旧建筑已经不能满足你的需要,所以打算建一座新的;并且,进一步假设,除了旧建筑中的材料之外,你没有新材料。很明显,在新建筑的构建过程中,你会受到旧材料的限制。只要材料适合,你可以建造任何形式或风格的新建筑,并且你可以制订计划。但最终你会受到旧结构中材料的性质和数量的限制。心智也是一样,旧建筑是你过去的经验,而新的砖块是你的印象,它是你通过想象力创造的新结构。在这里,与以往一样,除了已有的东西,没有其他的可以使用。对于新的结构来说,除了印象之外,没有任何东西可以成为它的构造材料;除了我们过去的经验,没有什么地方可以得到印象。

想象力也受到我们建设能力的限制——但是,我们想象力的输出不仅受限于我们掌握的印象中的材料数量,而且可能还受限于我们的建设能力。许多人可能拥有完全适合新房子的旧砖堆,但是因为没有能力建造而不能得到新房子。因此,许多在各方面都具有丰富经验的人仍然无法从中获得新产品所需的经验图像。他们拥有笨重的没有创造力的才智,只能在自己限定的范围内将事情做好;他们眼界狭窄,碌碌无为。他们无法在两分钟之内与行动敏捷的竞争者一样进行冲刺,甚至无法在舒适的高速公路上散步,体验一种超越此时此地局限的经历。这些人无法发现其中的关系,也无法思考。这种类型的人永远不能成为他们自己命运的建筑师,他们只满足于现在。

目的的需要——我们应牢记，我们必须知道建筑物的用途，才能去建造它。不管我们手头有多少建筑材料，也不管我们是多么熟练的建筑师，除非我们的计划有明确的目标，否则我们很可能会以一个幻想和无用的结构而告终。我们的思想结构也是如此。除非我们的想象力是由某个目标或目的引导的，否则我们就有陷入白日梦的危险，白日梦不仅不能为我们的生活提供方向，而且在养成习惯后会变得非常有害。做白日梦的习惯是很难打破的，而且若持续下去，会使我们的思想受到束缚，使它不愿意处理生活中琐碎的、日常的事情。在梦幻的仙境中度过一个小时或一天的人，醒来后无法面对一堆使他相当不满意的平淡无奇的工作！我并不是说我们不应该做梦，但我知道，没有什么比做白日梦更有害的心理习惯了，因为白日做梦让我们放弃了对每一个梦想的追求，并让我们受每一个偶然的建议的摆布。

3. 想象的类型

尽管想象进入人类经验的每个领域，并与人类兴趣的每一个领域密切相关，但它的所有活动都可以分为两种不同的类型：再现性想象和创造性想象。

再现性想象——再现性想象是指我们想要在脑海中再现他人描述的情景，或是那些源自我们记忆，但缺乏真实性和完整性的画面。

故事书、历史或地理知识的记叙或描述；旅行者或猎人讲述的冒险故事；对新机器或其他发明的说明；童话及神话——这些或任何其他可以用语言表达的，能够向我们展示图像的事情，都是再现性想象的领域。在这种想象力的运用过程中，我们的任务是跟随而不是引导，是复制而不是创造。

创造性想象——但是我们必须有引领者、创造者——否则我们如果只是互相模仿，世界将会停滞不前。的确，每个人，无论地位多么卑微，生活多么单调，都应该在某种程度上具有主动性和独创性。这种能力在很大程度上取决于运用创造性想象的能力。

创造性想象力从我们自己的过去经验或从别人作品收集的图像中获取，并以一种新的、原创的形式将它们组合在一起。具有创造精神的发明家、作家、技工或艺术家，并不满足于单纯的再现，而是寻求改进、提高、创新。的确，许多重要的发明和发现都看似是意外或偶然，然而这些有偶然发现或发明的人，通常是那些用其创造性想象力在其工作领域内积极创造或发现的人。世界的进步不是偶然的，而是有创造性的规划。无论是在个人或国家的生活中，创造性的想象力总是进步的动力。

4. 想象力的培养

想象力极易培养，它的培养应该成为教育最重要的目标之一。每一门学科，尤其是涉及描述和叙述的学科——历史、文学、地理、自然研究和科学——都蕴含着丰富的使用想象力的机会。熟练的教学不仅能在这些学科中找到培养想象力的方法，而且能在学习中运用想象力，使它们成为有生命的物质，与生命和行动一起跳动，而不仅仅是死板的话语或无趣的事实。

为想象收集素材——从理论上讲，不难看出我们必须做些什么来培养想象力。首先，我们必须注意从所有感知领域获取大量可用的图像。仅仅拥有视觉图像或主要是视觉图像是不够的，我们还需要涉及所有其他感官和运动活动的感知。这意味着我们必须尽可能广泛地与自然界进行各种形式的直接接触，自然界中有各种各样的形式刺激着我们的各种感官。在我们与人的交往中，与人同笑同哭；在大量的书籍中，了解了过去的人和事件。我们不仅要尽可能多地感受这些环境，而且要有意识地增加我们的经验储备，毕竟，经验和其他的心理过程一样，都是想象力的基础。因此，我们不仅必须使自己处于获得新经验的道路上，而且必须通过回忆和重建，正如我们在前面讨论中说的那样，保持我们的图像清晰和可用。因为无论是什么来改善我们脑海中的印象，同时也改善了想象力的基础。

我们一定要成功构建——其次，我们一定要成功构建。因为如果我们让这些素材闲置，那么收集大量的图像就是徒劳的。有多少人把他们所有的时间都用来收集建筑材料，却从不花时间去建造！他们去看、去听、去读，并且全神贯注地理解眼前的事物，但没有时间去了解他们所关注的事物更广泛的意义。他们就像那些忙于学习而没有时间思考的学生。他们太过于重视接收而忽略了更进一步的结合。他们是乏味的事实的收集者，他们中的许多人做了很多工作来收集预言家和哲学家用他们的创造力建立的材料，将我们的思想系统建造成一个更完整的整体。他们天真地认为，通过阅读那些充满荒诞的故事和情节的书籍，就能够训练自己的想象力。严肃的历史，无论其在历史长河中有多么英勇或悲惨的故事，对他们来说都太过平淡。他们没有耐心去阅读有思想的文学作品，而且他们认为科学和哲学著作是无聊的。这些人把所有的时间都投入到观察和欣赏别人的房子中，却从来没有时间为自己建造一栋房子。

我们应该把理想付诸行动——我所知道的关于想象力的最好训练是从我们自己的材料中获得，并从中构建我们自己的结构。诚然，通过观察别人的房子来发现他们的建筑风格对我们是有帮助的：我们的确应该阅读。但是，正如我们没有必要把所有的时间都花在看房子、看洋娃娃屋上一样，我们最好不要把所有想象结构的概念都寄托于从奇妙和虚幻中获得。我们从阅读《希亚瓦塔》中得到了很好的想象力训练，但我们的想象力也可以从阅读原始印第安部落的历史中得到锻炼——《雪域》中的画面也充满了想象。即使在我们面前摆了许多最好的模型，但仅仅模仿别人的建筑是不够的。我们必须创造我们自己的故事，为自己的故事编撰故事情节；我们必须有时间去冥想、计划和建造，而不是在白日梦中无所事事，我们必须有目的地通过活动来塑造我们的印象；我们必须树立自己的理想，并为之奋斗。我们要有自己的想法，不能一味地追随别人的想法；我们既要模仿也要创造。

5. 观察与反思的问题

1. 说明产生以下错误的原因和补救措施：

(1)孩子们认为工厂的烟囱比1 000米或更高的山还高，因为它是“笔直向上”的，但是山却不是这样。

(2)孩子们常常认为地平线是固定在地球上的。

(3)岛屿是漂浮在水面上的。

2. 如果一个孩子在阅读中认为地理等方面的描述不生动或不真实，你会如何激发他的想象力？他们可能是由于观察得不够多，因而才有这样的想法吗？

3. 对学校科目进行分类，包括科学课与手工课，哪些可培养学生的再现性想象和创造性想象的能力？

4. 你在读一本书的时候是否曾跳过它的细节描写部分？当你阅读一些自然风景的描述时，风景会在你眼前浮现吗？当你阅读关于一场战斗的描述时，你能看到部队的行动吗？

5. 你有没有按自己的意愿规划过一栋房子？你能从四面八方看到它吗？你能看到所有房间的装饰和陈设吗？

6. 你有过什么计划和理想？你现在的计划和理想是什么？你能描述一下你的计划或理想改变的过程吗？你试过站在别人的角度思考问题吗？

7. 在你脑海中的一些幻想，你能否找到现实生活中熟悉的元素？

8. 想象在日常生活中有什么作用？你通过什么来提高你的想象力？

第十章 联 想

此刻占据着你的思想从何而来,又是什么决定了下一步该怎么做? 内省揭示了我们头脑中最有趣的一个事实,那就是我们的头脑以一种有序的排列方式运动,而不是以一种偶然的方式运动。我们的精神状态不会像许多木头一样,在急流中随机地运动,时而这个在前面,时而那个在前面;相反,我们的思想一个接一个地出现,正如它们被召唤或引发的那样。现在在你意识焦点中的思想出现了,因为它从其前面的思想中萌芽出来;而现在的思想,在它离开之前,将决定它的继任者并引导其到来。这就是说,我们的思想流不仅具有连贯性,而且具有系统性。这种按照一定的规律运行的连贯性和系统性,就是由心理学家所说的联想产生的。

1. 联想的属性

那么,我们可以将联想定义为在我们思想中形成一个相互联系的系统的倾向,即意识的对象是紧密相连的,它们在任何特定时刻的存在,以及它们在精神流中连续出现。

联想的神经基础——思想的联想——想法、印象、记忆——或某一情境及其反应,主要建立在神经基础。联想是神经网络组习惯工作的结果,其基本定律被詹姆斯描述为:"当两个初级的思维过程同时或连续地活跃时,其中一个过程反复出现,就会把兴奋传递到另一个过程。"这是一个简单事实的技术陈述,即神经电流最容易流过它们已经使用过的神经元连接。

俗话说,老狗学不了新把戏。因为旧技巧使用熟悉的、经常使用的神经路径,而新技巧需要连接不习惯一起工作的一组神经元;而神经能量的流动在习惯于一起工作的神经元中更容易完成。一个在晚年才学会说一门外语的人,无法达到年轻时学就能达到的那种轻松自如的境界。这是因为语言的神经通路已经为其母语设定好了,而且随着年龄增长可塑性降低,新的通路很难建立。

像我们在之前章节看到的那样,不同大脑区域或者是神经元群之间的连接是通过联想纤维实现的。这一功能需要数以百万计的神经元,它们将大脑皮层的每一部分与其他部分结合在一起,从而使任何特定中心的神经活动都有可能扩展到任何其他中心。在孩子尚未成熟的大脑中,联想纤维还没有建立起大部分的关联。记忆开始的年龄主要是由足够数量的联想纤维的发展来决定。更加复杂的推理需要许多不同的联想连接,在神经充分发育之前是不可能做到的。基于此,试图教幼儿复杂的算术、语法或其他科目的做法是徒劳的。因为他们还没有具备必要的大脑机制来掌握必要的联想。

联想是记忆的基础——没有联想的机制和过程,我们就不会有记忆。让我们通过一个简单的例子看看联想是如何在回忆中工作的。假设你路过一个果园,看到一棵树上长满了诱人的苹果。你犹豫了一下,然后爬上篱笆,摘下一个苹果吃了,在你离开的时候听到看守果园的狗的吠声。图 10 - 1 将大致说明参与该行为的大脑皮层中心和连接它们的联想纤维。现在让我们看看你之后如何通过联想来记住这个情形。假设一周后,你坐在餐桌旁,开始吃一个苹果,它的味道让你想起从树上摘下来的那个苹果。那么怎样才能回忆起整个情况呢?记住,对苹果树的视觉、我们对它的思考、我们获取苹果的动作,以及听到狗吠声相关的大脑皮层中心,都是与味觉中心一起活动的,因此它们往往会从味觉的活动中再次投入活动。很容易看出,我们可以:(1)通过味觉 - 视觉联想纤维获得苹果树及苹果的视觉印象;(2)我们以前的想法、情感或思考可能再次从味觉神经流中重现;(3)我们可以通过味觉 - 运动纤维上的电流看到攀越栅栏和采摘苹果的动作印象;(4)我们可以通过从味觉 - 听觉纤维上电流中获得狗吠的听觉印象。事实上,我们可能会回忆起一个或多个这样的画面,除非联想路径被阻塞,或者我们的注意力转移到另一个方向。

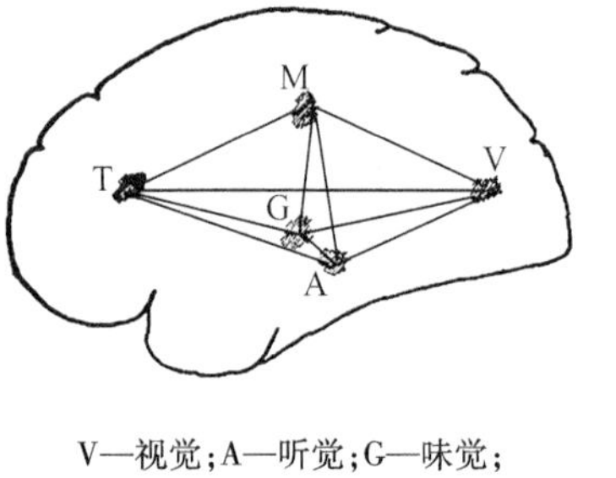

V—视觉;A—听觉;G—味觉;
M—运动;T—大脑皮层的思想和感觉中枢。

图 10 - 1　联想的图解形式

决定回忆方向的因素——我们首先得到这些因素中的哪一个?当味觉感知失去知觉时,它唤起哪些印象来取代它的位置将取决于其他事物是否是平等的。在最初的情况下,哪个中心是最活跃的,在当前它就是最具渗透性的。如果在我们吃偷来的苹果的时候,我们的思想因为未经允许拿走了苹果而强烈地自责,那么神经流很可能会通过味觉—思维的路径释放出来,我们就会回忆起这些想法及其伴随的感觉。但是,如果狗的吠叫把我们吓坏了,那么从味觉中枢发射出的电流很可能是沿着味觉—听觉路径的,我们将得到狗吠的听觉印象,这反过来又会在听觉—视觉纤维上唤起狗的野蛮外表的视觉印象。然而,很明显,整个情况的任何一个因素,都可能作为一个"提示"来唤醒所有剩余的因素。在给定起点的情况下,我们是否都能得到所有的因素,完全取决于它们之间的路径是否足够开放,以使电流在它们之间流动,从而使第一次体验留下足够的印象。

这个简单的吃苹果事件通过连接大脑皮层每一个中心和每个其他中心的数以百万计的纤维而变得无限复杂,并且在我们日常活动中,这些不同的区域都参与了一系列如此密切相关的活动,以至于在每一个方面,我们都能最终引导到所有其他方面。在这里,我们拥有记忆和回忆的机制,通过这种机制,我们的过去可以以记忆印象或思想的形式再现来为现在服务。通过这一机制,不管过去是好是坏,我们都无法逃脱;因为无论好坏,它都会将过去带回到我们身边。

当一系列行为的重复变成习惯时,这种联想是相对确定的。如果我给你背诵 A、B、C、D,你的思想立马就会反应出 E、F、G。如果我说道"请别用哀伤的诗句对我讲",你就会联想到"人生不过是虚梦一场"。你的神经元群习惯于这样做,所以联想顺势而为。因此,记忆任何东西,从乘法口诀表到最美妙的诗词歌赋,都需要在大脑中建立正确的联想关系。

思考中的联想——所有的思考都是通过发现我们脑海中的词语或对象之间的关系来进行的。数学科学用于发现数字和数量之间的关系。自然科学的原理和规律建立在不同形式的物质和能量的关系之上的。在历史、艺术、伦理学或其他领域也是如此。每一个事实或事件在具有意义之前必须与其他事实或事件相联系。因此,联想是一切思维的基础,无论是对科学家、历史学家、思想家,还是普通的学习者来说都是如此。之所以成为最优秀的思想家,是因为他能将各种知识联系起来,使它形成一个统一的、可用的系统。

联想与行动——联想在我们所有的日常活动中扮演着同样重要的角色,在我们日常生活中、工作和娱乐中,或者其他任何行为中。一些知觉经常重复,并且每次要求几乎相同的反应。在这种情况下,联想很快就变得固定了,其反应是正确和自动的。例如,我们坐在桌子旁,吃的反应随之而来,还包括其他所有的复杂行为;我们躺在床上,睡眠的反应就来了;就座在钢琴前,我们的手指便会习惯性地弹奏音乐。

很明显,联想的影响也延伸到了道德行为上。总的来说,我们的行为遵循既定的联想的趋势。面对重大的道德危机时,我们可能会像处理小问题那样行事。

2. 联想的种类

联想的基本规律——在前一节联想的定义中所阐述的习惯法则中,包含了联想的所有规律。从生理学角度上讲,联想的规律有:(1)习惯于一起行动的神经元组有协同工作的倾向;(2)此类群体共同行动的频率越高,就越倾向于将另一方带入行动;(3)它们共同行动的兴奋感或紧张感越强烈,其中一方的活动引起另一方活动的趋势就越强烈。

相应的,联想的规律可以用心理学术语表述如下:(1)习惯于在头脑中联系在一起的事实有一起重现的倾向;(2)这些事实出现在一起的频率越高,其中一个事实出现引起另一个事实出现的趋势就越强烈;(3)当这些事实共同出现时,紧张感、兴奋感越强烈,就越确定一个事实的存在会引起另一个事实的存在。

亚里士多德之后的心理学家们已经将联想分为里了几种类型。但是,所有联想类型都可以用神经元之间习惯连接的几本规律进行解释。

邻近联想——许多过去经验中元素在我们的头脑中重现,是因为在某一时刻(可能在许多时候)重现的元素在意识中与另一些元素相连,而这些元素恰好再次出现。所有的人都有过这样的经历:遇见了好几个月或几年没见过的人,脑海中涌出了许多本以为已经遗忘的事情或与以往与朋友交往有关的事情。我们一起做的事情、我们讨论过的话题、我们之前的旅行、我们玩过的游戏,现在,在我们再次相遇时重现了。因为这些都是我们意识中与我们的朋友的个性和外表的感觉相联系的事物。谁不曾因一股香水的味道或一首歌的旋律而想起童年的时光!这是邻近联想。

受联想的支配——通过这样的规律,在某种意义上,我们受联想的支配,这既可能是好事,也可能是坏事。我们可能会形成某些兴趣来引导我们的思想,注意力在某种程度上可能引导它,因为一个人的心理构成很大程度上取决于他的联想特征。邪恶的思想、记忆、想象——所有这些都是通过不值一提或坏的想法与我们思想流中的善良联系在一起而产生的。我们可以试着忘记那些卑鄙的行为,把它们永远从我们的思想中驱逐出去,但是瞧!在一个没有防备的时刻,神经电流冲进了旧的路径,不受欢迎的、邪恶的思想闪现在脑海中。每一个年轻人,如果认为自己在安定下来过正常生活之前,必须先放纵一下自己,那么他就是在拿自己的前途作抵押;因为他会发现,他的神经系统有一种不可抗拒的机制,会把这些令人讨厌的形象磨碎,再送回他的脑海,就像磨坊主喂给料斗的东西又被送回到了他的口袋里一样。他可能拒绝保存这些想法,但是他不能阻止它们进入他的想法,就像他不能阻止流浪汉敲他的门那样。一旦发现这些迹象,他必须把它们从脑海中赶出去,否则他就是有罪的;但是,不受欢迎的思想会再次想办法进入。

防止不良联想再次出现的唯一办法就是尽可能少地选择与之相关的思路。但即便我们尽了最大努力,也可能会建立一种偶然的“关联”,我们不知道这种联系是如何建立起来的,这个不受欢迎的印象就站在面前盯着我们,就如同尤金·

阿拉姆(Eugene Aram)的受害者的尸体在每一个拐弯处与他对峙,尽管他认为尸体已被安全埋葬了。我认识的一位牧师告诉我,在他最崇高思想中最神圣的时刻,他心中浮现出他厌恶的画面,他在恐惧中退缩。他不仅立即把它们赶走,而且还试图将它们锁在门外,下决心永远不会再想它们。但是,唉!那是他无法控制的。稗子已经撒在麦子里了,就会与麦子一同存留。在他童年时,这些印象就存在于他的脑细胞中了,脑细胞只是"忠于职守"。

类似联想和对比联想——大家都知道这样一个事实:相似的事情往往容易关联在一起,由爱生爱。当一个朋友表现出与另一个朋友相似的性格特征,同样的举止,或者具有相同的言语或习惯时,我们就会想起另一个朋友。在公司里讲一个鬼或窃贼的故事,会立刻使在座的每个人想起一个相似的故事,在我们还没意识到这一点之前,话题已经变成了鬼或窃贼。一个自吹自擂的男孩足以让在场的人讲述他们真实的或虚构的功绩。善与美的思想往往唤起其他善与美的思想,由爱生爱,邪恶的思想则可能产生出与其同类的思想。

然而,还有另外一种关系形式,与我们思维中的相似关系的情况一样普遍。在某些方面,我们自然会想到相反的一面。黑关联着白,好关联着坏,胖关联着瘦,富关联着贫穷,幸福关联着悲伤,等等。

因此,当我们使用联想的基本规律时,我们的思维倾向于以相似和对立的方式组合。事实上,我们更多的是用这些方式,而不是偶然的关系来组合我们的思想。我们思维中习惯性地把相似的或对立的事物归为一类;因此这些是形成联想的条件。

部分或选择性联想——过去永远不会完全重现到现在的意识中。许多元素因为它们形成的联想较少,或者因为它们出现了一些难以回忆的障碍,被永久地遗忘了。换句话说,联想总是有选择性的,时而偏爱这种记忆,时而偏爱那种记忆。

这是好的,因为无法摆脱过去大量的琐事是痛苦的,而且会因无用的琐事使头脑变得混乱,以至于无法思考。我们都有过与这样一类人交往的经历,他们所有的谈话都充斥着无关紧要的细节,他们不能从根本上叙述最简单的事件。但是,作为文学的奴隶,他们走进每一条小巷,这些道路在他们的故事情节中毫无意义,无关紧要,使自己变得难以忍受。狄更斯、萨克雷、乔治·艾略特、莎士比亚和许多其他作家都抓住了这些特点,并利用这些特点以达到他们的喜剧效果。詹姆斯在解释这种类型的心理时,引用了奥斯汀小姐在《爱玛》中的对白:

"'可是你从哪儿听到的呢?'贝茨小姐叫道,'奈特丽先生,你在哪儿听到的?因为我收到科尔太太的便条还不到五分钟——不,不会超过五分钟或十分钟。因为我已经戴上帽子,准备出来了。我只是下楼去和帕蒂再谈一谈猪肉的事情。简正站在通道里,对吗,简?因为我的母亲非常担心我们没有足够大的盐罐。于是我说我要下去看看,简说:'让我去吧?因为我想你有点感冒了,而帕蒂一直在打扫厨房。’‘哦,谢谢,亲爱的。’我说,就在这时便条到了。”

补救措施——从理论上讲,对这种令人厌烦、毫无结果的联想方式的补救是简单易行的。它是要强调、强化和关注我们思想中的重要的事情。人们在听故事、学习功课或参与任何活动时,必须运用价值观,认识和解决重要的问题,忽略琐碎和不重要的事情。如果不用这种方式去思考,就像用同样的力量去敲击每一个键来弹钢琴一样!

3. 联想训练

由于联想实质上是心理过程中起作用的习惯,因此,它就像其他形式的习惯一样,可以通过训练加以鼓励或抑制。当然,一个人的教育最重要的部分莫过于他联想的特点。因为这些特点在很大程度上将不仅取决于他的意识流的内容,他思考的内容,而且取决于其组织,或对手头思想材料的运用。事实上,整个教育科学都建立在正确的个人联想系统的规律上。

愉悦——痛苦的联想动机——在整个动物世界,似乎都有一个普遍的规律,即伴随快乐的联想反应趋于持续和增强,而伴随痛苦的联想反应趋于减弱和消失。一个两岁的小孩也许不明白把书页从书本上撕下来的严重性,但如果每当他撕开书页,他的手就会被割伤,那么看到书就想撕掉书页的联想将会慢慢消失。事实上,对对象所有的惩罚都应该使用疼痛来打破某些情况和错误的反应之间的联系。

再举一个例子,被训练来表演其技巧的狗,在做出正确的反应后,会得到食物奖励或拍头称赞。通过这种刺激来加强快乐与特定行为的联系。在有好感的、热情的、愉悦的或有成就感的刺激下来研究和学习所有事物,不仅比在相反条件下学习时建立更持久、更有价值的联想,而且更能激发我们学习的兴趣。

精神状态对我们所研究的问题的影响提出了一个问题,即将背诵诗歌、或文学著作作为对某些行为的惩罚是否明智。我们中有多少人把不喜欢和痛苦联想带到诗歌、散文的精华上,因为我们对它的学习与一个被强加的任务的思想联系在一起,这个任务被设定为对错误行为的惩罚!有人告诉我,直到今天,她都讨厌看到丁尼生(阿尔弗雷德·丁尼生,英国诗人,1809—1892——译者注)的诗作,因为正是这本书,她被要求读好多遍来作为她犯错时的惩罚。

兴趣是联想的基础——在强烈的兴趣刺激下建立的联想比较广泛和持久,而在兴趣减弱的情况下形成的联想则更加小,并且不持久。当然,这种说法是注意力规律的一个特殊应用。兴趣使整个自我行动起来。在兴趣的敦促下,头脑变得活跃且警觉。所学的新事物完全被记录下来,并被吸收到与之相关的其他事物。由于形成了许多关联性,因此新事物更具有回忆性,并更具有意义。

联想和学习方法——联想的数量和质量在很大程度上取决于我们的学习方

法。我们可能只满足于把我们所学的东西不加处理地留在记忆中。我们也可能了解到了它们最简单、最浅显的关系，但却无法寻求更深层的关系。我们可以学习一本书的某几个部分，将每个部分看作一个独立的单元，而无法将它们衔接成一个整体。

但所有这些方法都是错误的。它们并没有在我们所知的各种事物之间建立起联系，没有这些联系，我们所知道的事物就有可能在我们的头脑中变成一堆木头。意义、关系都应该与我们所学的联系在一起，这样才能形成有用的知识。有用的知识要比杂乱无章的、未经消化的信息有用，虽然后者有时能使我们通过考试，获得好成绩。简而言之，要真正地掌握知识，需要我们去思考，即关联和联想，而不是仅仅是在学习时死记硬背。

4. 观察与反思的问题

1. 测试小学生的联想能力。给班上同学念一些词语，比如蓝色，让学生们尽可能快地写下 20 个词语，然后在每个例子中记住他们最先想到的词语。将这项测试应用到高年级学生，比较实验结果，可以很容易地发现联想的幅度或范围的差异。

2. 你是否曾对你脑海中出现的一些多年未想过的事感到迷惑？你能找出导致它重现的关联性吗？为什么我们有时无法在需要的时候回忆起我们完全了解的事情呢？

3. 你已经注意到，当某些单词出现在拼写课上时你可能会拼写，但是在写作文时却会忘记。有可能以表格的形式学习连词或词缀，然后却不能在交谈或写作中使用正确的单词形式。将这些事实与联想规律联系起来，并推荐一种消除差异的教学方法。

4. 为了测试学生的联想速度，在图表的一列中清晰地写下下列词语，然后将图表在学生面前展示一分钟，要求他们在一分钟内将尽可能多的反义词写在纸上。检查每个学生写出的正确反义词的数量。

坏的、内在的、慢的、短的、小的、软的、黑的、暗的、悲伤的、真的、不喜欢的、可怜的、好的、对不起的、厚的、满的、平的、少的、下面的、敌人。

5. 你能想到在你的熟人中有多少爱唠叨的人吗？他们之所以这样是因为他们的联想是完全的，而不是选择性的。在对话和文学作品中寻找这样的例子（例如《朱丽叶的保姆》）。

6. 在教室里观察孩子们的联想训练。你是否曾经因为不愉快的联想而使原本喜欢的东西变得令你讨厌？回顾一下你自己的学习方法，并探究一下孩子们在学习中所使用的方法，以确定它们是否能产生最好的联想效果。

第十一章　记　　忆

在我们生命中的每一个时刻，我们都会唤起记忆，为我们提供一些来自过去的事实或细节。如果记忆完全丧失，我们就会发现自己在一个无法理解的世界里无能为力，与世界脱节。糟糕的记忆力会妨碍人们学习，妨碍他在事业上的成功，使他在生活的各个方面都处于不利地位；相反，良好的记忆力对于个人来说是一种财富。

1. 记忆的本质

现在你想想看，你可以清楚地记起哥伦布于 1492 年发现了美洲；你的房子被漆成白色；一周前的今天下雨了。但是，这些曾经为人所知的，现在如此容易地被记住的事实，当它们在你的脑海中消失时在哪儿？当你不去想它们的时候，它们待在哪里？通常的答案是："储存在我记忆的深处。"然而，没有人相信，记忆是一个存储事的仓库，当我们暂时不使用它们时，就把它们放在仓库里，就像我们储存旧家具一样。

什么是保留——事实上，这个看似简单的问题并不简单，我要通过问你一个更简单的问题来回答上一个问题：当我们坐在洒满阳光的房间里时，昨晚充满它的黑暗在哪里？今晚午夜所有的这些光线又都会在哪里？回答了这些问题，之前问过的关于你记忆中的事实问题也将迎刃而解。虽然事实是，无论我们小房间条件如何，就算没有光，黑暗仍然存在，即使没有黑暗，光也仍然存在，然而，对于这个特定的房间来说，阳光照耀进来时，黑暗就不再存在，当房间里充满了黑暗时，光明也不复存在。关于记忆中的事实问题也是如此。尽管事实如：四百年前哥伦布发现了美洲，你的房子是白色的，一周前的今天下雨了，不管你的头脑是否想过这些事情，这些事实依然存在，但是：对于记住这些事情的特定的头脑来说，这些事实在他们没记住的时候是不存在的。

不是被记住的事实保留了下来，而是在我们需要的时候，可以重现事实的能力保留了下来。

记忆的生理基础——重现一个已知事实的能力最终取决于大脑。正如我们之前所说的，大脑活动涉及我们所拥有的每一种感知，以及我们所知道的每一个事实。事实上,正是通过大脑皮层的某种神经活动,你最初才知道是哥伦布发现了美洲,你的房子是白色的,过去的某一天下雨了。如果没有这种大脑皮层活动,这些事实将真实存在,但你永远不会知道。如果大脑中没有这种神经活动,就没有意识,我们必须寻找记忆中事实意识的重现,以及那些第一次出现的事实。

我们如何记忆——现在,如果我们要在意识中重现一个曾经已知的事实,或者以其他方式记住,我们在生理方面必须做的是提供一个神经活动的重复,正是它是最初导致事实在意识中出现。记忆是重复活动的精神产物。因此,由于记忆是对曾经经历过的精神状态或事实的近似重复,它们是我们对过去的认识,所以它是通过大脑皮层中曾经执行过的、伴随这些状态或事实的神经过程的近似重复来完成的。

大脑在记忆中扮演的角色使得我们很容易理解,为什么我们在当大脑因长时间的工作或睡眠不足而疲劳时,很难记住或回忆。它也解释了记忆中的错乱,这种错乱通常来自大脑的损伤或者来自酒精、药物或疾病的影响。

记忆对大脑质量的依赖——记忆能力的差异,虽然部分取决于记忆接受的训练,但最终取决于大脑的记忆质量。詹姆斯将大脑分为以下四种类型:

(1)像大理石一样接受,如大理石般的保留。

(2)像蜡一样接受,如蜡一般的保留。

(3)像大理石一样接受,如蜡一样保留。

(4)像蜡一样接受,如大理石一样保留。

第一种类型代表那些记忆缓慢,付出巨大努力的人,他们记忆的事物印象深刻。第二种类型代表那些学得快忘得也快的人,他们可以在几分钟内学完一节课的知识,但是他们也会快速地忘记。第三种类型是不幸的人,他们必须很努力,花费很长时间才能记住东西,但却很快就会忘记。第四种类型是最幸运的人,他们能够很容易地记住有用的知识,并在需要时随时回忆起来。

我们的大脑类型是由遗传基因决定的,我们几乎无法改变我们大脑的类型。但不管我们的大脑是哪种类型,我们都可以通过遵从记忆的规律来改善我们的记忆。

2. 记忆涉及的四个因素

很明显,记忆无法将从未被保存的或因任何原因无法回忆的东西归还给我们。此外,如果记忆所反映的事实不属于我们的过去,记忆将是不完整的。因此,记忆涉及以下四个因素:注册、保留、回忆、识别。

注册——所谓注册就是要记住学习或做的事情。在大脑方面,这涉及在适当的神经元中产生活动，当以后再次重复时，这些活动会导致回忆起这个事实。正是这个过程构成了我们所说的“把事实印在大脑上”。

对好的记忆力来说，没有什么比部分注册或错误注册更致命的了。一知半解的东西注定会被遗忘。我们经常在学习一门功课的过程中停下来，这一课没有给我们留下永久的记忆和确切的回忆所需要的完整印象。我们有时对老师说，“我不记得了”，而事实上，我们从来未学会我们想要回忆的东西。

保留——正如我们已经看到的，保留主要存在于大脑中。它是通过在大脑皮层神经元中工作的习惯规律来完成的。在这里，就像在其他地方一样，习惯使一个活动在每一次执行后都变得更容易。通过这一规律，一个神经活动一旦被执行往往会被重复；换句话说，一个事实一旦在意识中被认识，就会被记住。我们过去的很大的一部分被遗忘在记忆之外，这在很大程度上可能是由于无法回忆，而不是无法保留。我们说，尽管我们竭尽所能地去尝试，但是我们也无法记起一个忘了的事实或名字，；然而，所有人都有过这样的经历，当我们一直努力回忆一件事时总是无法想起，但当我们放弃它，不再想它时，它突然出现在我们的记忆中。其实它一直被保留着，否则就不会回来了。

我认识的一位老人，临终前躺在病床上。在他的童年时期，他先学习说德语；但是，当他八九岁时随家人搬到一个讲英语的地方后，他就不会讲德语了，并且已经有三十几年不说德语了。然而，在他病倒的最后几天里，他几乎完全丧失了使用英语的能力，并流利地说起了德语。这些年来，他的大脑路径一直保留着复制被遗忘单词的能力，尽管在很长一段时间里，这些单词无法被回忆起来。詹姆斯引用了一个更引人注目的案例，一位发烧的老年妇女，在她胡言乱语的时候，听到她在用拉丁语、希伯来语和希腊语讲话。她本身既不会读也不会写，牧师们说她被魔鬼附身了。但一位医生解开了这个谜。她九岁的时候，一个牧师，同时也是一个著名的学者，把她当作仆人带到自己家里，一直住到他死。在这段时间里，她每天都听到他用这些语言朗读他的书。她的脑子已经不可磨灭地保留了那份记录，尽管多年来她连一个句子都想不起来。

回忆——回忆完全依赖于联想。除非通过其他一些事实、名称或与所缺失的术语不相关的东西能够将其连接起来，否则无法得出我们想要回忆的某个事实或名称。记忆只通过一个联想的桥梁到达任何想要的事实。因此，要记住的事和已经在头脑中的事之间建立的联系越多，回忆就越准确。背诵历史日期和事件在时应该与重要的日期和事件相联系。地理名称、地点或其他信息应与头脑中相关材料联系起来。科学知识应形成一个连贯的、相关的整体。简而言之，为保持记忆而赋予记忆的一切，都应尽可能与同类材料紧密联系。这就是说，我们不应该期望我们的记忆保留和再现孤立的、不相关的事实，而应该让它拥有尽可能多的逻辑性和良好的关联性。

识别——一个由记忆重现的,但不属于我们过去经验的事物,会给我们留下新的印象。这意味着记忆将无法把现在和过去联系起来。我们常常感到困惑,不知道我们是否曾经遇到过某个人,或者在以前的某个场合讲过某个故事,或者以前经历过某种似曾相识的心态。这种令人困惑的心理状态是部分和不完全识别的例子。识别不再适用于我们的许多知识;例如,我们说记得 4 乘以 6 等于 24,但是可能没有人能回忆起我们是何时何地学到这个知识的——我们不能认识到它是属于我们过去的经验。还有其他成千上万的事物,严格意义上说我们仅仅是知道,而不是记忆。

3. 记忆为何物

记忆向我们呈现过去的形式是什么?它处理的元素是什么?它是由什么组成的?

印象是记忆的素材——根据我们对心理印象的讨论,再稍微思考一下就能得到答案。我请你回想你的家,你的脑海中立刻会浮现出这所熟悉房子的视觉图像,连同熟悉的房间以及特有的家具。我请你回想你最近参加的音乐会,或者你最近在树林里听到的鸟儿的鸣叫声,从你听到的旋律中,脑海中涌现出大量的印象,部分是视觉的,但大部分是听觉的。或者我请你回想昨天参加的盛宴,味觉及嗅觉印象比其他印象更深刻。所以我可能会一直讲下去直到我讲完了你所有的记忆,无论我是要你回忆过去简单的琐碎经历,是悲剧性的或关键性的经历,还是你知道的并能回忆起的最深奥和最抽象的事物,情况都是一样的:记忆呈现给你的大部分都是印象或你过去的想法。

印象因类型而异——并不是所有人以印象或想法记得我们所谓的同一个事实。当你回想起哥伦布于 1492 年发现美洲时,正如旧画卷所显示的那样,你们中的一些人脑海中浮现了水手哥伦布站在船只甲板上的画面,伴随着这张照片的是“长期痛苦”的概念;其他人在回忆这件事时,脑海中浮现出了他登陆海岸的画面,也许他感觉到了船只的摇晃以及听到了船只在靠近海岸时在沙滩上刮擦的声音;还有一些人脑海中浮现的是在书本上看到的哥伦布于 1492 年发现美洲的字样。因此,在各种各样的印象或观念中,我们可能会记住我们称之为相同的事实。尽管对于我们中的任何两个人,或者同一个人在不同场合时来说,事实并非同一个事实。

其他记忆素材——但是印象并非记忆必须处理的唯一素材。我们可能还记得一周前的今天下雨的事实,尽管没有雨的图像。没有该事件的视觉或其他印象的帮助下,我们可能依然记得,哥伦布于 1492 年发现了美洲。事实上,我们不断回想起许多抽象性事实,例如数学及科学公式,除了那些文字或符号之外没有其他任何印象。因此,不仅印象,还有各种各样的事实,想法和概念都可以作为记忆的素材。

4. 记忆的规律

良好记忆力的培养在很大程度上取决于我们是否遵循某些明确的规律。

联想规律——正如我们前面讲到的,联想规律是记忆最基本的规律。它决定了记忆的整体结构。用神经术语表述这一规律,我们可以说:同时活跃在一起的大脑区域倾向于建立联想路径,这样当其中一个区域再次活跃时,另一个区域也开始活跃。用心理学术语描述为:如果两个事实或经历同时出现在意识中,之后当其中一个被回忆起来时,它往往会导致另一个也出现。

重复规律——重复规律就是对习惯规律的重申,可以表述如下:某种大脑皮层活动发生的频率越高,其就越容易发生重复。用心理学术语表述为:一个事实在意识中被回忆的频率越高,回忆就越容易和准确。正是基于重复的规律,复习和练习才能巩固记忆中。

近因定律——我们可以用生理学术语对近因定律来做如下表述:大脑中枢被用于某一特定的活动时间间隔越短,它们就越容易被投入相同的活动中。在心理方面,这意味着:意识中出现的事物越近就越容易被回忆起来。我们想在朗读课前排练,或者在考试前立即复习是就是基于这一规律。这一规律也解释了随着时间的流逝,所有记忆有逐渐消失的趋势。

生动规律——生动规律在记忆中是最重要的。本规律用生理学术语表述为:神经中枢活动的紧张程度越高或活动越剧烈,这种活动就越容易重复。在心理学上的表述为:当事实被注册时,注意力或关注的程度越高,就越容易被回忆起。一次生动的印象远比多次注意力不集中或大脑太疲劳而无法做出反应的印象要好得多。全神贯注地学习是确保记忆的必要条件。例如,一边数着弹珠,一边"学习拼写课十五遍"的小男孩的结果肯定是徒劳无功的。

5. 记忆使用规则

近年来,科学家们在记忆领域进行了大量细致而卓有成效的实验并给出了一些简单的规则,我们可以用这些规则来使用我们的记忆。

整体与局部——也许大多数人在背诵一首诗、一篇演讲稿或其他材料时,他们倾向于先通过小节或章节来学习,然后将这些部分组合在一起形成整体。然而,许多经验表明,比起重复背诵整首诗或整个演讲稿,最后再特别关注有困难的地方来说,这是一种不太有效的方法。除非作品非常长,它可以被分解成几个合理长度的部分。用整体代替部分的方法不仅节省了学习的时间和精力，而且对所记忆的事物赋予了更好的统一性和意义。

遗忘率——研究发现，在刚刚学习之后不久的遗忘率较高。也就是说，在一个人刚记住的东西中，大约有一半会在头二十四小时内消失，而在头三天内，有四分之三会消失。由于在完全遗忘之前重新背诵正在消失的内容总是很划算的，所以应该在记住重要的记忆材料后的第一天或第二天内对其进行复习。

分批练习——如果要记住某一份材料，我们必须反复复习，比如说十次。研究表明如果所有的重复次数不是连续的，而是有合理的间隔，结果会更好。众所周知，即使我们不再具体考虑手头的问题，联想也会形成并变得更加牢固。这些间隔允许联想形成它们的连接。正是在这个意义上，詹姆斯才说："我们在冬天学游泳，在夏天学滑冰。"

强迫记忆行动——在通过阅读来记忆事物的过程中，记忆应该被强迫以它能够记住的部分材料的速度进行活动。如果一首诗读过一遍后，其中的一部分可以不照着书本而背诵，那么记忆应该被强迫重现这部分内容。只能在没记住的地方重新阅读。

不是一个记忆，而是多个记忆——詹姆斯教授强调了这样一个事实，，即我们不是拥有一个记忆，而是拥有一组记忆。我们的记忆可能在一个领域很好，而在另一个领域却很差。我们也不能在一个领域中"训练我们的记忆"后，而把它延伸到其他领域。记忆诗歌在增强对历史或科学数据的记忆方面几乎完全没有作用。一般来说，记忆必须在特定的领域中进行训练，以便在其中发挥卓越的作用。一般的训练是不起作用的，除非它能够形成更好的学习模式。

6. 好记忆的构成要素

接下来让我们来探究一下好记忆的品质是什么。商人或政治家会说："是记住人的面孔和名字的能力"；历史老师认为，"是随时回忆起日期和事件的能力"；数学教师认为，"是回忆数学公式的能力"；旅馆服务员认为，"是一次记半打订单的能力"；公司的经理认为，"是有能力回忆起与公司经营相关的所有必要细节。"虽然这些答案大相径庭，但对于那些特定的人来说，它们可能都是正确的，因为所有这些答案中都有这样一个共同的道理，即最好的记忆是最能服务于其拥有者的记忆。也就是说，一个人的记忆不仅必须可被使用并且准确，它必须带给我们思考中需要的东西。由此得到一个推论：为了使记忆提供给我们正确的东西，我们必须用正确的印象和思想来存储它，因为记忆不能提供给我们任何我们没有给予它的东西。

好的记忆应具有选择性——最好的记忆不一定是完全地重复过去经历中大

量事实的记忆。每个人都有许多他不需要在记忆中重现的经验,这些经验在当时可能已经足够有用了,但在后来却完全无用和无关紧要。它们已经完成了使命,今后应该在遗忘中沉睡。如果这些经验被回想起的话,它们只不过是如此多的垃圾和废木。每个人肯定都遇到过这种人,他对细节的记忆是如此的详细,以至于他讲的故事中的任何事件,无论多么琐碎,都不会在叙述中被忽略。他的联想连续不断地进行着,不知疲倦,从来都不能跳跃一下或是走捷径,以至于他无法把麦子和糠分开,于是他把所有的不分青红皂白的东西都扔进了我们痛苦已久的耳朵里。

卡彭特博士讲述了一位国会议员的故事,他只要读过一遍,就可以重复议会的长篇法律文件和法案。当别人羡慕他那非凡的天赋时,他回答说,这常常不是他的优点,反而造成极大的不便,因为当他想回忆起他读过的文件中的任何东西时,他只能从头重复整个过程,直到他想回忆的地方。莫德斯利说,这种能够使人"用头脑的眼睛读出以前印象的复制品的记忆,实际上并不是高智力。"并给出了这样一个理由,即这种头脑被记忆所提供的大量物质所阻碍,无法判断和推理所依赖的不同事实之间的关系。同样地,许多在学习和记忆方面超越其他同学的学生最终不一定能成为有能力的人,这也是教师们普遍感到惊讶的地方。但是惠特利认为:"这是合理的,就如同一个蓄水池装满了水就不会是一个不停歇的喷泉一样。" 人们可能迷失在一片乱糟糟的树木中,以至于看不见整片森林。

好的记忆需要良好的思考——由上可知,仅仅是事实的再现并不能形成好记忆。能够按页再现历史课的学生不一定比那些记得少的学生记忆力好,因为他们能看到所记事物之间关系因此能够选择他将记住的东西。记忆必须具有判断力,它必须紧紧抓住重要的东西,并为我们记住它。因此我们可以说:"记忆的艺术就是思维的艺术。"辨别力必须从我们的思维流中选出重要的东西,并且这些图像必须与我们记忆中尽可能多的已经很好地固定的其他图像相关联,因此在需要的时候才能想起。这样,旧的事物总是作为提示以唤起新事物。

记忆必须是专门化的——不仅要成为一个好的记忆,即省略那些毫无价值的、琐碎的、无关紧要的东西,并提供那些有用的、有意义的和相关的记忆,而且在某种程度上它必须是一种专门的记忆。它必须满足主人的特殊需要和要求。如果你是一名拉丁语老师,当你急需一种无法理解的共轭或解构法时,你只能够想起二项式定理或君士坦丁堡倒塌的日期,这对你来说没有多大用处;对商人和政治家来说,记住名字和面孔要比能够记住从阿尔弗雷德大帝到爱德华七世的英国君主继位顺序要好得多;对于律师来说,能够记住案件的必要细节比能够回忆起当年所有的体育活动更为有用;等等诸如此类的事情。

为了给我们提供好的记忆,我们的记忆必须忠实地处理构成我们职业需要的材料。我们的记忆可能,而且应该,给我们带来许多超出我们职业范围的事物，否则我们的生活将会变得狭窄，但它的主要关注点和最准确的工作必须沿着我们日常生活的需求。如果我们的工作与我们的兴趣一致，那么这就很好地与生理规律结合起来了。因为我们每天工作的事和感兴趣的事将经常被一起思考，因此它们将联系得更紧密。它们将被频繁地想起，因此更容易被记住。它们作为兴趣的必然结果将被生动地体验，这将大大有助于回忆。

7. 记忆设备

已经发明了许多用于训练或使用记忆的设备，并且不少毫无价值的“系统”被强加给无知的人。所有的记忆最终必须回归到大脑活动的基本规律以及基于这些规律的规则。要想得到好记忆是没有捷径的。

填鸭式学习的效果——有不少学生靠死记硬背来学习。如果这种学习方法能产生有价值的永久结果，那么它将是迄今为止最明智和最经济的方法，因为在一定的压力下，我们通常能够比在没有压力时更快地取得成果。然而，困难之处在于，结果不是永久性的，所学到的知识没有时间去将自己与成熟的联想联系起来；在一小时内学会的，他们的存在时间也会很短暂。

对于暂时需要，但不用成为我们永久知识体系一部分的那些事物，可以通过死记硬背来学习。律师需要很多关于他正在处理案件的细节，他可以把这些细节死记硬背地记下来，一旦结案，这些细节对他来说不仅变得毫无价值，而且可能成为阻碍。但是那些需要成为他永远记住的事情，如法律的基本原则，他就不能死记硬背。他必须有一个逻辑，不会让它们的回忆依赖于一个偶然的线索。在背诵或考试中，死记硬背可能对我们有用，但它们永远不会真正成为我们的一部分。如果想要方便地记住这些事实，并且在回忆时可以用于思考就必须采用逻辑。

记住孤立的事实——但仍然有很多事实不适用于任何相关或逻辑系统。或者，如果它们属于某个系统，但它们之间的联系不是很紧密，我们只需要这些个别的事实而不是整个系统。因此，我们必须有某种方法来记住这些事实，而不是将它们与逻辑关联起来。诸如乘法表、某些日期、事件、姓名、数字、差事，以及各种约定等事实，都必须在它们出现的时候准确而迅速地记住。我们必须能够在需要的时候方便、快速、准确地回忆起它们，以免造成工作失误。

对于这种类型的事实，确保一个好的记忆方法与逻辑记忆的情况相同，只是我们必须放弃与自然相关的关联。然而，我们可以利用已经给出的三条规律尽最大努力来确保回忆起这种类型的事实，除非我们把它们与一些人为的线索联系起来，例如用线缠绕手指来记住差事，或者通过唱歌来学习乘法表。但是，如果我们忘了寄信或传话，我们也不能为自己辩解，因为当我们一开始记这件事时，我们的注意力可能非常不集中，而且从它交给我们到我们去完成时的这段时间，我们可能从来没有费心去想这件事。

助记设备——许多巧妙的设备已经被发明来帮助记忆。毫无疑问，每个人都有自己的方式来记住某些事情，或者一些急需的但不容易理解的事。你可能不会用把绳子系在手指上的传统方法，也不会把手表放在错误的口袋里，你可能发明了一些更适合你使用的方法。许多书上已经写过，许多讲座都是利用助记系统来完成的，它们都建立在同一个基本原则上：即，头脑中的联想。从前一个小时发生的最普通的事件到我们脑海中可能存在的最深奥的哲学，它们都利用了我们每个人记住任何事情时使用的相同的记忆基础，。他们都把要记住的事实和其他肯定要回忆的事实联系在一起，然后相信旧的事实重现时会带来新的事实。

在记忆一类没有逻辑关系的事实时，可能使用人工装置，但我还是认为：如果我们用与人工装置一样的谨慎和仔细记录那些看似无关的事实，我们就可以把它们联系起来。对于我们希望记住的大多数事实，我们会发现它们隐藏的关系，我们应该能够确保比通过设备更加准确地回忆起它们。我们应该自己发现事物之间的关系，并把它们储存在我们自己的逻辑中，而不是把这些都交给机器处理。

8. 观察与反思的问题

1. 仔细想想你自己的记忆力，看看你的大脑是四种大脑中的哪一种。观察你的同学或你身边的一些学龄儿童，看他们属于哪种大脑类型。一定要考虑过去训练或记忆习惯的影响。

2. 观察你和学龄儿童由于缺乏适当的联想而导致的回忆失败现象。为什么做不理解的事情特别困难？

3. 观察一节诵读课或考试课，并思考记忆缺陷是否可由重复不足、近因不足或学习主动性不足来解释。

4. 对你自己的班级的孩子进行研究，以发现他们的记忆方法。记住本章第5节中给出的记忆规律。

5. 通过反省来观察你对历史事件的回忆方法，并注意印象是否构成了你记忆材料的重要部分；你的回忆主要是由事实组成的吗？这在多大程度上取决于你了解事实的方法？

6. 仔细想想你死记硬背的经历，以这种方式学会的东西会一直伴随着你吗？你是否理解它，并且能够像使用那些花更多的时间来学习并形成联想的东西一样好地使用它呢？

第十二章　思　　考

没有一个词比“思考”更常挂在我们嘴边。我们常常说出我们对这件事或那件事的看法。正因为拥有思考能力，人类才能凌驾于动物之上。

1. 不同类型的思考

“想”或“思考”在许多不同的意义上被使用，因此，首先要理解它的各种用途。我们应该注意的四种不同的思考类型是：①偶然性或懒散性思考；不加批判地相信的思考；同化思考；慎重思考。

偶然性或懒散性思考——当我们无意识地思考时，我们的思考是偶然的或者是懒散的。没有什么特别的问题需要解决，思潮漫无目的地漂来漂去。在这样的思考中，兴趣、幻想、瞬间的冲动，或者受环境的影响，决定了联想的方向，并给我们的思想指明方向。从某种意义上说，我们把思考交给环境，让它随心所欲，使其不受我们的控制或阻碍。因为我们的思考没有寻求任何结果，所以就不会有结果。我们中最优秀的人在这些无聊的思考之旅上花费的时间比我们想象的要多，但低级和未经训练的头脑很少会超越这种贫乏的思想水平。即使我们正在学习一个需要我们最好的思考能力的课程，我们也经常会发现，一条偶然的思维链已经取代了僵化的思考方式，并占据了这个领域。

不加批判地相信的思考——我们经常说，我们认为某件事是对的或是错的，事实上，我们很少或根本没有考虑过它。我们不加批判地接受关于某件事的正确或错误观点。古人相信地球是平的，原始人认为月食是动物吞食月亮造成的。今天不少人还认为土豆和其他蔬菜应该在月圆或月缺的某个时段种植；相信生病是命中注定的，各种“吉祥物”能够带来好运或抵御灾难。也许，接受这种观点的人中没有一个人能够或者曾经试图给出任何合理的理由来解释他们的观点。

但我们不能对这种不加批判的思考的粗略例证过于严厉。完全有可能的是，并非所有 有严谨思维能力的人都能自己思考并说出为什么我们认为我们的

---

① John Dewey. Dewey, How We Think, (Boston: Heath, 1910; London: Harrap, 1910) revised as How We Think, a Restatement of the Relation of Reflective Thinking to the Educative Process (Boston, New York & London: Heath, 1933; London: Harrap, 1933). p. 2.

组织比其他的组织更好。毕竟,真正发现我们的信仰,并选择加入我们的人少之又少!我们采纳我们团体的观点,采用他们的习俗和服饰不是因为我们确信他们是最好的,而是因为这样没那么麻烦。

同化思考——当我们试图适应新的事实或想法并理解它们时,正是这种思考占据着我们的头脑,也就是说,将它们与现有的知识联系起来。我们在学校的大部分学习都是这样思考的。我们思考的问题不是发明或发现,而是理解和同化。我们的思想是在理解意义和关系,从而统一和连贯我们的知识。

如果没有这种思考方式,人们可能会记住许多他不理解的事实,收集许多对他来说意义不大的信息,甚至取得了非常值得称赞的学术成绩,这些成绩代表着少量的教育或发展。为了使所有信息变得重要和可用,必须考虑它们与我们当前活跃的、起作用的知识体之间的关系。因此,同化思考是真正掌握和学习的基础。

慎重思考——慎重思考是思考过程的最高类型。要了解慎重思考,首先了解一下杜威所说的"岔路"情形。杜威说,一个沿着一条崎岖不平的公路行进的旅行者是不会想太多的,他只管继续前行。但是让公路在岔口处分成两条路,只有一条通向目的地,现在他面临一个问题:他选择哪条路呢?聪明的旅行者会立刻去寻找选择哪条路的证据。他将在这个事实和那个事实,以及这个概率和那个概率之间进行平衡,以努力找到问题的解决方案。

当我们必须面对头脑中的"岔路"的情况时,我们必须进行慎重思考。正如一位学者说,教育的最大目的不是为他解决所有的问题,而是帮助他发现问题或"岔路"的情况,协助他收集解决问题所必需的事实,以及训练他权衡事实或证据,即慎重思考。只有当我们学会认识到自己的生活和工作中面临的真正问题时,我们才能成为最优秀的思想家。我们自己的计划和工作不断出现的是非问题,以及有待解决的社会和政治问题,都为慎重思考提供了机会。很遗憾的是校没有给学生提出问题,也没有给出训练慎重思考和同化思考的方法。每一门学科,除了提供一定的"学习"信息外,还应在学生的发展和能力范围内提出需要真正思考的问题,没有一门学科——文学、历史、科学、语言——不存在这样的问题。

2. 思考功能

所有真正的思考都是为了发现我们所思考的事物之间的关系。想象一个与其他事物完全无关的世界,在这个世界里,每一个被感知、记住或想象的事物都是完全独立的!这该多么混乱啊!我们可以感知、记住和想象我们所喜欢的各种各样的物体,但是如果没有能力把它们连在一起思考,它们将完全不相关,因此没有任何意义。

意义依赖于关系——为了有一个合理的意义，事物必须总是以其他事物或它们的用途来定义。燃料是用来燃烧的。吃食物是为了获取营养。火车头是用来牵引火车的机器。

书籍是用来阅读的，钢琴是用来弹奏的，球是用来扔的，学校是用来教学的，朋友是用来享受的，等等。一切事物的意义都取决于它与其他事物的关系，我们越能发现这些关系，就越能充分地领悟它的意义。因此，球除了用于仍外，还有其他用途；学校除了教学之外，还有其他功能；朋友对我们来说不仅仅是享受。基于我们认识到这些不同关系的程度，我们定义了对象，或者换句话说，我们看到了它的意义。

思考的功能是发现关系——现在人们认为这些关系是通过思维而被发现的。这就是思考的功能，思维把我们经验中的各个单独个体带给我们，让我们发现它们之间存在的关系，并将它们组合成一个统一的、相关的、可用的知识体，并把每一点都贯穿在整体的关系链上。毫无疑问，这就是丁尼生（阿尔弗雷德·丁尼生，1809—1892，英国维多利亚时代最受欢迎及最具特色的诗人，代表作品为组诗《悼念》——译者注）在写作时的想法：

花朵栖圮裂
圮裂生就一枝花，
墙缝芳英我摘下，
花儿轻轻捧在手，
叶茎根须一并收。
若能了解此生灵，
天上人间万物明。

从一朵小花这样简单的东西开始，如果一个人能发现每一部分与其他每一部分以及其他所有事物之间的所有关系，他最终会理解人类的意义。对于每一个独立的事物，无论大小，都在一个完整的关系链中形成一个连接，这个关系链将宇宙捆绑成一个有序的整体。

亲疏关系——通过思考发现的关系可能是非常密切和简单的关系，就像孩子看到盘子和晚餐时发现的关系；它们也可能是非常遥远的关系，就像牛顿看到苹果的下落和行星在其轨道上的运动之间的关系一样。但无论是密切的还是遥远的，在这两种情况下，对关系的观察都是相同的思考，思考就是发现存在于我们思想流中各种对象之间的关系。

思考经历了各种各样的复杂过程，从婴儿看到母亲和哺乳时头脑中产生的微弱意识，到能够"追随上帝的思想"，形成对圣人的超强理解。但所有这些最终都达到了同一个目的，即通过发现新的关系来揭示新的意义。这就是思考。

儿童和成人的思考——孩子和成人的思考有何不同？让我们看看是否能发现这种差异。首先，孩子所看到的关系是“直接”的关系：它们存在于简单的知觉或印象之间；遥远的和概括性的关系是他无法触及的。他没有足够的经验去发现遥远的关系。他不能思考他所缺少的或他不知道的事情。孩子不可能在下落的苹果中看到牛顿所看到的，因为孩子对轨道上的行星一无所知，因此他看不出它们之间的关系。另一方面，成人的思考并不局限于他的直接知觉或他们的印象，因为他能看到更遥远的关系。他可以超越个体，进行分级思考。落下的苹果对他来说并不仅仅是一个坠落的苹果，而是一类坠落的物体。受过训练的思想家除了有着丰富的经验之外，还养成了寻找关系的习惯，他知道这是增加知识储备和有效地利用知识的最好方法。他已经学会了思考。

孩子的主要工作是收集思想材料，在他成长过程中只能看到更为必要和明显的关系；他长大后的主要工作是寻找把这一大堆材料结合起来的关系网络，并通过这个过程使整个人系统化，并赋予材料新的意义。

3. 思考机制

从前面的讨论中可以明显看出，在“思考”这个术语下包括各种各样的心理过程，通过这些过程，不同的思考对象之间的关系可以被理解。因此，当孩子们开始理解环境中物体的意义时，他们就会思考。甚至动物也通过简单直接的联想来思考。因此，思考可能会以最简单、最直接或最复杂、最遥远的关系进行。

感觉和知觉是思考的要素——感觉之间的关系意味着一些东西，但不是很多。直接呈现在感官上的物体之间的关系意味着更多。我们的思考必须远远超越现在，也要远远超越个体。它必须能够超越时间和空间，并在一个组或类中集中处理数百万个个体。只有这样，我们的思考才能超越低级动物的思考。对于一只聪明的老鼠来说，它可以看到陷阱和危险之间的关系；一匹马可以看到用牙齿拉门闩上的那根绳子与自由之间的关系。

但人类需要更深入地思考来设计陷阱和门闩。仅仅凭感觉是不够的。它仅限于立即呈现的对象及其最明显的关系。知觉印象同样受到类似的限制。虽然它使我们能够省去物体的直接存在而思考，但它处理的是单独的个体。世界上充满了单独的物体，我们无法单独处理它们。真正的思考是在概念、判断和推理中发生的。因此，我们的下一个目标将是更仔细地研究这些问题，看看它们是如何在我们的思考中结合起来的。

4. 概　　念

幸运的是，拥有数百万个独立物体的外部世界是如此有序，这些物体可以分为几个大类，而且，基于多种目的，我们可以把整个大类作为一个整体来处理，而不是与该类的独立个体进行处理。世界上存在无数个由物质组成的个体，所有的个体都可分为有生命的和无生命的两大类。对其中的一类再次分类：所有有生命的形式可以分为动物和植物。这些类别还可进一步无限细化。动物包括哺乳动物、鸟类、爬行动物、昆虫、软体动物和许多其他类别，此外，每类还可以根据其目、科、属、种和个体进一步分类。这种分类让我们可以从大的范围思考问题，从而节约了我们的思考时间。

概念有助于分组和分类——但是，刚刚描述的这种比较复杂的分类形式并不是现成的。我们必须看到某一类的无数动物之间的关系，并将它们归为哺乳动物。鸟类、爬行动物、昆虫和其他动物也是如此。为了达到这个目的，必须观察每个类别中的个体，所有个体都有共同特征与个体特征，我们将共同特征作为衡量其他个体能否划分到这一类别的标准。根据心理学家所说的概念，我们可以进行分类。概念使我们能把蓝知更鸟、知更鸟、鹪鹩都归为鸟类；将汤姆、迪克和哈里都归为人类。换言之，概念是一切思考的基础，这些思考高于对物体之间最简单关系的观察。

概念的成长——如果我们观察概念在儿童思维中的发展，我们就能理解它的本质。让我们来看看孩子是如何形成“狗”这个概念的。在这个过程中，他最终能够根据他的思考对几百条或几千条狗进行分类。假设一个孩子最先接触的狗是一只名为 Gyp（吉普）的白色宠物贵妇犬。在这个阶段，在孩子眼中狗和 Gyp 完全是同义词，包括 Gyp 的颜色，大小和所有他发现的其他特性。但是现在他看到另外一只和 Gyp 相似的宠物贵妇犬，只有颜色不一样，是黑色的。这是 Gyp 和狗的第一个同义词：狗不一定是白色的，也可能是黑色的。接下来让孩子看一条棕色的猎犬。狗的差别不但有颜色上的黑白之分，而且体型也不相同：猎犬体型较为修长，不像贵妇犬那样矮胖。让孩子继续这种训练，直到他看到了各种各样的狗：贵妇犬、斗牛犬、猎犬、牧羊犬、长耳猎犬和其他许多类别的狗。他的狗的概念出现了怎样的变化？作为一个特殊的小个体出现的“狗”在孩子的思维中扮演着怎样的角色？

颜色并不是判断狗的必要条件，因为狗不限于仅仅是白色、黑色、棕色或是灰色的，因此不能作为判断标准；除非是在非常宽泛的范围内，否则尺寸大小也不是判断狗属性的标准；狗毛的蓬松或光滑并不是一个固定的属性，因此也可忽略；从胖胖的哈巴狗到瘦长的猎犬，体型千差万别，除非在很大范围内，否则体型也不是判断的标准；本性温顺、嬉闹、友好和许多其他的特性并不是狗所特有的，因此也不能作为判断的标准；狗有四条腿，相对固定的形状和一些普遍的生活习惯和性情。随着狗的称谓范围不断扩大，也就是说，随着更多的个体被观察和分类，它相应地失去了内容，或者失去了属于它的特定品质。然而，不能认为这一过程完全是一种淘汰,因为在一个类别的所有个体中存在的,但起初被忽视的品质,随着经验的增长而不断被发现,并融入发展的概念中。

概念的定义——概念是我们对一类单独事物的普遍观点和见解,其功能是使我们能够对我们的知识进行分类,从而解决我们思考中的类别或普遍性问题。通常概念的基础是一个形象,就像当我向你提出人类这一概念时,你得到的是一大群人的模糊的视觉形象。然而,一个概念的核心,或者说重要的功能部分,就是它的意义。无论这个意义是附属于一个形象或一个词,还是相对地或完全独立于这两者,都不重要,但是意义必须是正确的,否则我们的所有思考都是错误的。

语言和概念——我们用语言进行思考。没有人不注意他思想的流动,因为语言承载着它,就像许多小船在精神的河流上行驶,每艘船都载着它的意义。没有人会因为找不到合适的词来表达意图时而暂停思考。语法学家所说的我们语言中的普通名词是我们给概念命名并能向他人讲述这些概念的词语。我们将普通名词定义为"类别的名称",把概念定义为我们对一个类的想法或意义。很容易看出,当我们命名这些类的概念时,我们就有了普通名词列表。因此,对一个人的语言的研究可以揭示他的思想类型。

概念增长的必要性——概念的发展构成了我们教育的一大部分。显然,由于思维从根本上依赖于概念,因此我们精神生活的进步就必须依赖于我们概念的数量和性质的不断增长。我们不仅要不断增加新概念,而且旧概念也不能保持不变。当我们的概念停止增长时,我们的思想也会停止增长——我们不再学习。这种发展的停滞常见于那些已经习惯于狭隘生活的人们身上。他们的需求很少也很简单。除非他们超越常规,否则他们很早就会变成"老顽固"。他们的概念由于缺乏使用和不断地重建而变得僵化。

另一方面,不断要求自己适应新情况或在旧情况中做得更好的人,将不断丰富自己的旧概念,形成新概念,否则,他就做不好事情。一个不断丰富自己概念的人,就他的精神生活而言,已经发现了永葆青春的秘密。对于他来说没有变老的那一天,他的思想永葆新鲜,经验与日俱增,他的知识越来越有价值和实用。

5. 判　断

但在知觉和概念的建立过程中,以及在它们形成后加以利用时,就进入了另一个思维过程,即判断的过程。

判断的本质——从最简单的到最复杂的,判断或多或少地进入了我们所有的思维。婴儿躺在床上盯着奶瓶,最后他迟滞的思绪终于明白,这就是他用来吃饭的东西。他已经做出了判断。也就是说,他交替地将注意力集中在他面前的物体和之前哺育的印象上，发现了两者之间存在的关系，并且向自己肯定："这就是给我吃饭的东西。"对于孩子来说，"奶瓶"和"给我吃饭的东西"是基本一样的。因此，判断就是对两种思维对象的意义和本质同一性的肯定。即使我们所陈述的判断的命题是否定的，这个定义仍然成立，因为在这两种情况下，思维过程都是相同的。如果我们说"天气不冷"，就像我们说"天气很冷"一样，也是一种判断。

知觉和概念中使用的判断——从刚刚给出的例子中，可以看出判断是如何进入我们的认知的。孩子观察到奶瓶的行为有很大的判断成分。他必须比较两个思维对象：一个是印象，来自过去的经验；另一个来自现在的对象，以对瓶子的感觉来确认它们的本质身份。当然，这并不意味着我所描述的事物有意识地发生在了孩子的思想中，但这一过程是所有认知的基础，不管是对孩子还是成人。

同样可以看出，概念的形成取决于判断。每次我们遇到一个新的、需要对其进行归类的物体，就需要判断。假设一个对狗的概念还不成熟的孩子，当他第一次看到一只灰狗时，他必须把这个新样本与他的概念中的狗进行比较，判定这是否是一只狗。如果他发现这两个思想对象的本质意义具有同一性，他会做出肯定的判断，他的概念将被修改，无论灰狗会在多大程度上影响它。

判断是普遍真理之母——但是判断的作用远不止于帮助建立感知和概念。它将我们的概念形成之后，发现并确认它们之间的关系，从而使我们最终能够将类和个体联系起来。它将我们的思想带入共性的领域，在那里我们不受细节的羁绊。让我们看看这是如何完成的。假设有人和动物两个概念，我们考虑这两个概念之间的关系。头脑会对它们的每一种元素进行分析和比较并在大量的事物中找到意义的本质的同一性并做出判断：人就是一种动物。这个判断给了我们一点新的知识，因为它发现了两个类之间的新关系，因此给了我们一个新的意义和更广泛的定义。由于这种新的关系不是属于任何特定的人或任何特定的动物，而是包括每个种类中的所有个体，因此具有普遍意义，这样我们就有了一个普遍的真理，从而就不必测试每个个体看他是否适合这种关系。

正如我们之后将看到的那样，判断也是我们进行推理的素材。因此，它们的有效性将取决于我们推理的有效性。

判断的有效性——现在，由于每个判断都是由两个术语之间存在的肯定关系构成的，很显然，判断的有效性将取决于我们对所比较术语的了解程度。如果我们对判断的属性知之甚少，那么判断显然是不准确的。不完善的概念将导致我们误判。一个年轻人的朋友因行为不端被大学开除，他因此而满腹牢骚。他说："A 先生是学校最好的学生。"很显然，有人做出了误判。毫无疑问，没有哪所大学愿意开除学校里最好的学生。无论是发牢骚的年轻人还是大学领导都没有理解判断中的一个术语。"A 先生"或"学校最好的学生"被人误解。同样，有些人会说:“琼斯是个好人”,也有人会说,“琼斯是个流氓”。这种判断上的差异一定是因为对琼斯缺乏了解,或对好人或流氓的概念缺乏认识。

毫无疑问,我们大多数人都容易在对所比较的术语知之甚少的情况下做出判断,而且通常情况下,只有对自己的判断最缺乏信心的人才最确信自己不会出错。当然,错误判断的补救办法是让我们对所涉及的术语更加确定,这反过来又让我们重新审视我们的概念或术语所依赖的经验。很明显,没有两个人可以拥有相同的概念,因为所有人都没有同样的经历,他们的概念就是从自己的经历中产生的。这些概念可能被命名为相同或是非常相近的名称,以便通常我们可以互相理解;但毕竟,我有我的概念,你也有你的概念,如果我们都能了解对方的真实想法,毫无疑问我们就能避免许多误解。

6. 推　　理

到目前为止,我们所描述的所有心理过程都会在推理中达到最高值并发挥最大的效用。这并不是说推理排在精神活动的最后,而是说在所有其他活动都完成之前,推理是不能进行的,因为在某种程度上,推理几乎是从意识产生时就出现了。儿童推理和成人推理之间的差异在很大程度上是推理达到的程度不同。推理比其他任何认知过程都更深入,因为它需要判断所表达的关系,并且从这些关系中发展出更多的关系。

推理的本质——很难界定推理并精准地描述出其发生的过程,因为它与感知、概念和判断交织在一起,以至于即使出于分析的目的也很难将它们分开,更不用说在功能上将它们分开了。然而,我们可以暂时将推理定义为通过一系列判断的思考,以达到某种确定的目的或结论。这是什么意思呢? 安吉尔教授把这件事描述得非常清楚,我将引用他的描述:

“假设我们将要进行一次长途旅行,这就需要从许多可能的路线中做出选择。这是一个真正有问题的例子。它需要反思,权衡利弊,并给出最终方案。在这种情况下,我们大多数人都是按照这个顺序推理:有一条路线风景如画、新颖别致,但也很昂贵;另一条路线不那么有趣,但花销也不是那么贵;第三条路线是最便利的,但也是最昂贵的一条线路。我们需要在价格、景色和速度方面进行权衡和取舍。我们根据所有的利益来考虑这些问题,而这个决定是自己决定的。例如,我们发现,在这种情况下,我们必须选择最便宜的路线。”

判断在推理中如何发挥作用——判断在我们的思维方式中很常见,我们每天都以这种或那种形式进行上千次思考。当我们仔细观察得出结论所涉及的步骤时,我们会发现一系列的判断——可以肯定,排列得不是很有逻辑,但是关联性很强,最终可以有效地得出结论。我们将概念中的第一条路线与风景如画的概念进行对比，确定它们一致，并且肯定"这条路线的风景确实很美"的判断。同样，我们得出这样的判断："这条路线很贵，但很有趣等。"然后我们考察其他路线并形成我们的判断。这些判断在某种程度上都是相互联系的，其中一些判断比其他的判断联系更加紧密。哪些判断是重要的判断，哪些是最终用来解决问题的判断，取决于哪些概念对于我们来说是最重要的，这取决于我们对最终目的的看法。如果时间是主要因素，那么我们推理的形式应该是这样的："有两条路线所需的时间都超过了三天，因此必须选择第三条线路。"如果经济是最终判断的重要因素，那么会按照如下方式解决："有两条路线的花费都超过 1000 美元，我能承担的最大额度不超过 800 美元，因此必须选择第三条线路。"

在这两种情况下，很明显结论是通过比较两个或多个判断得出的。这是判断和推理的本质区别。判断发现概念之间的关系，推理发现判断之间的关系，并由此形成一个新的判断，即所寻求的结论。这个例子很好地说明了我们推理得出结论的一般方法。

演绎和三段论——逻辑可以根据两个判断得出结论，这三者形成所谓的三段论，以下是其经典例证：

所有的人都会死。

苏格拉底是人，

因此，

苏格拉底会死。

第一种判断是以一个命题的形式出现的，这个命题被称为大前提，因为它具有普遍性，包括所有的人。第二个判断是小前提，因为它只涉及一个特定的人。第三部分是结论，从中发现苏格拉底与终将死亡之间存在的联系。

这种推理形式称为演绎，即从一般到特殊。我们的推理大多是三段论的简化形式，并且很容易扩展到三段论中。例如，我们说："今晚会下雨，因为西边有闪电。"扩展到三段论的形式为，"有闪电是下雨的预兆。今晚西边有闪电，因此今晚西边会下雨。"虽然我们通常不会用完整的三段论来思考，但用这种形式来检验推理的有效性通常是很方便的。例如，一个错误潜藏在概括中，"西方的闪电是下雨的必然迹象"，因此结论的正确性值得怀疑。

归纳——演绎是一种有价值的推理形式，但只要稍加反思就会发现，在我们推理过程中，三段论之前必须具备某种东西。必须考虑到大前提。我们怎么能说所有人都终有一死，西方有闪电就是下雨的征兆呢？这个普遍真理是如何得出的？只有一种方式，即通过观察大量的实例和进行归纳。

归纳是从特殊到一般的过程。观察了许多人后发现，所有被观察者都会在一定的年龄以上死亡。诚然，并非所有的人都被观察到死亡，因为现在有许多人还活着，而且毫无疑问，还有更多的我们无法观察到的人会来到并生活在这个世界，因为在他们来到这个世界之前，我们就已经死了。对此，我们可以回答说，现在活着的人还没有达到生命的极限，但由于机体的原因他们终将会面对死亡同样，未出生的人们将会拥有和我们一样的机体，最终也都会面对死亡。而关于下雨预兆的情况，这种概括并不很正确，因为有例外的情形。夜晚在西方的闪电并不总是伴随着雨，我们也不可能像第一种情况那样，找到必然会下雨的内在原因。

广义归纳的必要性——因此，我们的概括或大前提应具有各种程度的有效性。在某些情况下，比如人类的死亡，已经观察到数百万个案例，没有发现例外情况，恰恰相反，发现死亡是不可避免的。曾经有一个这样的概括，“所有偶蹄动物都反刍”，这种概括不仅没有像之前的例子那样通过个别例子进行检验，而且也没有发现存在于偶蹄动物身上的使它们必须反刍的原因。也就是说，偶蹄动物与反刍是不一定并存的，猪就是这种概括的反例。

然而，实际上，我们不可能检查概括所依据的每一个案例。在检查了足够数量的案例后，特别是在有案例支持的情况下，我们有必要进行“归纳跳跃”，或者立即将概括表述为一个有效的假设。当然，很容易看出，如果我们做出一个错误的概括，如果我们的大前提是无效的，那么在我们的推理链中接下来的一切都将一文不值。这使我们在过于狭隘的归纳基础上谨慎地做出概括。我们可能发现某些红头发的人性情暴躁，但我们没有理由做这样概括性的表述，即所有红头发的人都性情暴躁。我们不仅没有检查过足够多的案例来证明这一结论，而且我们发现红头发不是性情暴躁的原因，而只是偶尔有暴躁的人凑巧是红头发。

归纳与演绎的相互关系——归纳和演绎必须携手构建我们的知识世界。归纳法为我们提供了构建知识体系的特定事实和形成普遍真理的数据；演绎法使我们能够从归纳法提供给我们的概括开始，并从这个有利的角度组织和系统化我们的知识，通过发现其关系，进行统一并使之可用。演绎始于一个普遍真理，然后提出问题：“这个真理使特定的事实之间有什么新的关系？”归纳从细节开始，并提出问题：“这些独立的事实会产生什么样的普遍真理？”这两种推理方法相辅相成。演绎必须由归纳为其前提供事实；归纳必须通过演绎把这些单独的事实组织成一个统一的知识体系。“只有能够通过部分看到整体并能通过整体看到部分的人才能清楚地看到事物的全貌。”

7. 观察与反思的问题

1. 观察自己的思考，了解所描述的四种思考类型。观察一个班孩子的朗诵课或学习课，试着确定每一个学生所使用的思考类型。本该用于学习的时间，有多少被用在了懒散性的思考上？有多少用在了同化思考上？有多少用在了讨论性思考上？

2. 观察在学校学习的孩子们，看他们是学习了如何思考，还是仅仅去记住某些事实。你是否发现孩子们经常使用一些含义不明确的定义？哪一个应该放在第一位，定义、意义还是应用？

3. 从归纳与演绎的关系可以明显看出，儿童学习一门学科的自然方式是归纳法。观察儿童的教学情况，以判定归纳法是否常用。说出算术、生理学、地理学等课程中的归纳法。

4. 你对哪些概念了解得比较少？你对山的概念是什么？你见过多少座山？你有什么概念是你努力去丰富的吗？

5. 回想一下你曾经做出的但被证明是错误的判断，看看你现在是否能发现它到底出了什么问题。你觉得是因为概念不充分吗？什么构成了“好的判断”或“错误的判断”？你是否曾经也犯过类似的错误，比如言之凿凿地说“这是基础”，但事实并非如此？错误的原因是什么？

6. 你能回忆起任何一个你在观察很少案例的情况下草率地做出概括的例子吗？你接下来的推理是什么？

7. 你能否证明推理的有效性最终取决于正确的感知。你目前正在采取什么措施来提高你的思考能力？

8. 这一章的内容如何帮助一个人成为一个更好的老师或是更好的学生？

第十三章　本　　能

大自然在生命之始就赋予了每个个体所有的冲动、倾向和能力来控制和决定生命的结果。橡子的心中有一棵完美的橡树；完整的蝴蝶存在于茧蛹中；婴儿出生时就具有无限潜能。教育并不能增加遗传所提供的东西，而只能发展出从一开始就存在的东西。

我们是伟大的生命进化史的一部分，从呱呱坠地伊始，我们的人生旅程就开始了，并一直延续到最后。每代人都是通过遗传而获得种族所经历的长期经验。今天，获得这份经验的一代人正经历自己短暂的人生。纵观人类的历史，我们对总体经验的贡献微乎其微，仅仅是如同无数前人一样将这份经验传承下去。通过遗传，世代所经历过，早已化为灰烬的成就、激情、恐惧和悲剧，等等尘封已久的往事今天依旧会让我们心潮澎湃。

1. 本能的本质

每个降临到世上的孩子都会被一只来自过去的无形的手托着，推着他去迎接新世界，并引导他开始人生的旅程。这种来自过去的推动和引导力量，我们称之为本能。用莫索（安吉洛·莫索，意大利生理学家——译者注）的话说："本能是过去几代人的声音，像遥远的回声一样在神经系统的细胞中回荡。我们能感受到所有人的呼吸、建议和经历，从那些以橡子为生，像野兽一样挣扎，赤身裸体地死在森林里的人，到辛劳的和爱我们的父亲和母亲。"

婴儿对本能的依赖——婴儿出生的时候是处于无知且无助的状态。他没有记忆、没有推理、没有想象力。他从未做过有意识的行为，也不知道如何开始。他必须开始，但该如何开始呢？没有任何经验可以指导他，他也无法理解和模仿同类。正是在这一时期本能起到了作用。种族遗传并没有给予孩子一个发育健全的头脑——那需要发展，但给了他健全的神经系统，当孩子通过感官感受到周围环境时，他已经准备好以适当的动作做出反应了。

这个神经系统在漫长的过去中受到了足够多的训练，以至于它能通过感官做出很多反应。它可以不用学习就能做上百件事。对于刚出生的婴儿，柏德特说："没有人告诉他该做什么，没有人教他，他生来就知道。当突然进入这家旧旅馆时，他立刻就知道去这两个地方的路——他的卧室和餐厅。”千百代婴儿都以同样的方式做了同样的事情，每一代都让这一个婴儿在不学习如何做的情况下很容易地完成一些事情。

本能的定义——本能是指在没有接受过教育的情况下，在没有意识到目标的情况下，以特定的方式行动的倾向。对于某些运动或运动调节来说，是本能的反应。他们不需要以前的教育，因为许多本能行为都是不需要学习的：鸭子不必学习游泳，婴儿也不用学习吮吸。他们没有意识的结果，尽管结果是非常理想的。

詹姆斯说：“猫追逐老鼠，在狗面前奔跑或示威，避免自己从墙上或树上掉下来，躲避火和水等行为，并不是因为猫对生死、对其自身或保护有任何的概念。它可能对这些概念并不了解，只是下意识地做出的反应。在每一种情况下，它都会相应地做出反应，仅仅因为它完全出于本能。当被称为老鼠的特定奔跑物体出现在其视野中时，它必须追逐；当被称为狗的特定狂吠不止的物体出现时，如果离得远，它必须马上逃离，如果离得近，它就会伸出利爪进行攻击；它必须把脚从水里抽走，把脸从火上移开等。猫的神经系统很大程度上会预先组织好这些反应。它们就像打喷嚏一样，而且与它们的特殊刺激物完全一致。”①

你会问，为什么清晨百灵鸟在耀眼的阳光下，从草地飞向天空，留下一段旋律来表示它曾飞过这里？为什么海狸要筑坝，黄鹂要把巢穴挂起来？为什么今天地球上的无数动物都在做他们无数代以前祖先做的事情？为什么母亲会疼爱她的孩子呢？因为这是过去对现在的影响，是本能。

本能是种族的习惯——本能是种族遗传给个体的习惯。个体则以这些习惯为出发点，通过教育来改善它们，从而适应自己所面临的环境。通过本能，个体能够在短时间内获得种族经验，并立即开始生活活动，而这些活动是该种族的先辈们在长期的生活中积累的。本能为我们保留了种族在经历中所取得的成就，因此我们可以直接从他们未完成的地方开始。

未改善的本能是盲目的——许多低等动物都盲目地按照本能行事，不能利用过去的经验来指导其行为，未受到教化。它们从事着看似奇妙的活动，然而它们的行为就像机器一样是自动的，并且缺乏远见。一种泥黄蜂小心地选择适当黏稠的黏土，在屋檐下找一个隐蔽的角落，然后筑巢，并留下一道出口。之后泥黄蜂寻找一种特定的蜘蛛，并蜇它一下，这种刺痛会使蜘蛛昏迷但不会死亡，泥黄蜂再把它带到新造的巢穴里，并把卵产在蜘蛛身上，这样小黄蜂孵化出来后，马上就有东西可以吃了。最后泥黄蜂爬出巢穴，精心地把出口封住，以阻止入侵者。聪明绝顶吧？不，一点也不聪明！泥黄蜂的行为并不是由未来的计划决定

① John. Dewey Psychology. New York: Harper, (1887; revised, 1889; revised, 1891).

的，而是由来自过去的压力决定的。如果没有黏土供应，或者是蜘蛛种族灭绝了，那么泥黄蜂就会无能为力，它的物种将会灭绝。同样地，蜜蜂种族和蚂蚁种族也做了许多了不起的事情，但是当蜜蜂和蚂蚁个体面对它们种族从未遇到过的新环境时，也会变得非常愚蠢和无助。

人类伊始时和低等动物一样盲目。但是，由于人类有更高的智慧，这种盲目很快就被远见所取代，他能够有目的地制定目标，使其活动达到他们的目的。人类拥有比低等动物更多的本能，在更复杂的环境中，人类可能会做出更多的反应。这一优势，加他重建自己经验的能力，使人类不断加强对环境的控制，使人成为所有动物中的佼佼者，并使人类进一步发展自己。

2. 本能出现与消失的规律

没有一个孩子天生就拥有成熟的本能来随时准备采取行动。每个人的内在本质中都包含着决定本能发展顺序和时间的规律。

本能按要求依次出现——我们不会同时进行太多的活动，因此我们的各种本能并非同时出现。只有当我们需要额外的活动时，这些本能才会成熟。我们最早的活动主要与摄取食物有关，因此当我们感到饥饿时，首先有了促使我们去获取食物，并且哭喊要食物的本能。我们还发现了一些有用的简短本能，称之为反射，如打喷嚏、吸气、恶心、呕吐等，本能使我们能够做这些事情。很快就到了长牙的时间，为了帮助牙齿更好地发育，咬这种本能就出现了，磨牙棒也随之有了用武之地。当我们可以吃东西的时候，本能地就会把一切都放进嘴里。现在我们已经变得强壮了，必须采取一种直立的姿态，因此我们有了坐起来然后站起来的本能。接下来是运动，随之而来的是爬行和行走的本能。同样，我们必须学习一门语言，我们必须参与我们周围的忙碌生活，像别人一样去做，因此，模仿的本能就产生了，我们可以很快、很容易地学习东西。

我们需要一种激励来促使我们尽力而为，所以竞争的本能出现了。我们必须懂得保护自己，因而就产生了好斗的本能。我们需要谨慎，因此就有了恐惧的本能。我们需要调查，因此好奇的本能应运而生。许多自主活动对我们的发展是必要的，因此玩耍的本能适时出现了。认识和帮助他人是对我们有益的，因而产生了社交和同情的本能。我们需要选择一个伴侣以及养育后代，因此，形成爱慕异性的本能，成为父母的本能随之而来。我们的本能远不止这些，我也没有按照它们发展的顺序，但我已经给出了足够的证据来证明我们生命中许多最重要的活动的起源。

许多本能是短暂的——本能不仅会逐渐成熟，还会在需要时逐一地形成我们的体验，而且当工作完成后，它们会退出。有些本能，如自我保护，是我们终生都需要的本能,因此这些本能会始终陪伴我们。其他的,诸如玩要的本能,则可能会在几个月或几年内消失或被改造成新的形式。本能总是短暂的,正如它所引起的活动的必要性一样。没有一种本能在人身上是完全不变的,因为它是根据每一次的经验不断地被创造出来的。自我保护的本能是通过知识和经验来改变的,虽然自我保护的本能仍然存在,但成人防御风险的方式与儿童截然不同但。另一方面,嬉戏和玩要的本能是不那么持久的。它可能会持续到成年,但很少有中年人或老年人像孩子一样喜欢比赛。他们从事其他类型的、体能消耗较少的活动。

与这两个例子相比,诸如吸吮、爬行和哭泣的本能,甚至比玩要的本能持续的时间还要短暂。随着牙齿的出现,另一种进食方式出现了,吸吮不再有用。行走是一种比爬行更好的运动方式,所以爬行的本能很快就会消失。与哭泣相比,语言更能吸引人们对痛苦的关注,所以哭泣的本能就消失了。我们的许多本能不仅不能在我们以后的生活中发挥作用,而且还会阻碍我们的生活。每一个本能在其位尽其责之后,要么被改造成一种全新的形式,要么完全消失。

看似无用的本能——事实上,很难看出某些本能在任何时候都能起到好的作用。厌世和贪婪、恐惧、羞怯,这些似乎是无用的或不利于发展的。然而,为了理解本能的运作,我们必须记住它是朝着两个方向发展的:对未来的应用和对过去的解释。我们应该明白,由于环境变了,过去的一些本能在现在变得不那么有用了。

我们也不该过于确信,一个与我们无法发现的,与发展有关的功能活动根本没有用处。我们必须认真思考每一种本能,不仅要看它对我们的今天意味着什么,还要看它对未来所有的发展意味着什么。对青蛙而言,蝌蚪的尾巴似乎是毫无用处的附属物,但如果蝌蚪的尾巴被切断,那么它就永远不可能长成完美的青蛙。

要及时利用本能——一个人可以今天开动他的磨轮或者等上二十年——当他需要时,动力已经准备就绪。当本能出现时,一定要妥善利用,否则大多数情况下,本能将会永远消失,不再出现。关在笼子里的鸟儿,错过了学习飞行的时间,将永远学不会飞翔。猎人必须在时机成熟时训练他的猎犬,否则猎犬将永远不能被委以重任。鸭子直到完全长大都滴水不沾的话,那么对水的喜爱几乎和鸡没有区别。

当社会本能强加于孩子时,由于环境的压力或父母不明智的做法,孩子无法与玩伴在一起,也无法参与他们的嬉戏和游戏,在以后的生活中,他可能会变成一个无药可救的孤僻的人,社会责任对他来说是令人厌烦的。不打猎、不钓鱼、不赛跑、不爬山的男孩,到了一定年龄就会发现自己对这些东西的兴趣逐渐消失,于是他将要过一种简单枯燥的生活。年轻人和少女必须被允许在冲动来临时“盛装打扮”,否则他们很可能从此就不注意着装。

本能是起点——我们的大多数习惯都是从本能发展起来的,所有可取的本能都应该在其消失之前尽其所用并转化为习惯。詹姆斯在他关于本能的篇章中说:“在所有教学法中,重要的是趁热打铁,在每门学科的学习热度消退之前,抓住学生对这门课的兴趣,这样才能够获取知识,习惯才能养成——一种兴趣的前进。简而言之,这样人会才能在本能基础上发展。一段快乐的时刻,可以让孩子们学会画画,可以让他们成收藏家,或成为分析学家和植物学家;现在开始发现和研究力学和物理化学定律;随后,心理学、形而上学依次出现;最后,最广义的人类事务和世俗智慧的戏剧也相继诞生。我们每个人身上,所有这些事情很快就会到达饱和点,我们纯粹智力上的热情消失了。除非这个话题与一些迫切的个人需求相联系,而这些需求使我们不断地思考,否则我们就陷入了一种平衡,靠我们的兴趣是新鲜的和出自本能学到的东西为生,而不去增添新的东西。”

人生起伏不定,
家园虽被洪水吞噬,却意外获取财富;
忘却,生命中的所有航程
都被束缚在浅滩和苦难中。

更重要的人类本能——在以上简短的叙述中,不可能给出人类所有的本能,更不用说详细地讨论每一种本能了。因此,我们必须确定重要的本能,最后讨论其中的一些:吮吸、咬、咀嚼、用手指捏住物体、把东西拿到嘴边、哭、笑、坐、站、运动、发声、模仿、竞争、好斗、怨恨、愤怒、同情、追逐、打斗、恐惧、占有欲、游戏、好奇、社交、谦虚、隐忍、羞耻、爱和嫉妒,可以说这些在我们的本能中都排在首位。在简短的篇幅里讨论以上列举的所有本能是不可能的。下面只讨论少数的、更重要的本能。

3. 模仿本能

任何人刚出生时都不会拥有足够多的本能去做一切必要的事情。本能促使他在饥饿的时候吃东西,但不会告诉他使用刀叉和勺子;本能促使他开口讲话,但不会告诉他是用英语、法语还是德语;本能促使他在本性上具有社交性,但未具体指明他应该说“请”和“谢谢”,以及向女士脱帽致意。人类没有找到特定的模式,以供诸凡事物都得到足够的重视并使之能在本能中具体化,因此个体必须根据需要进行学习。实现这一目标的最简单方法就是让每一代人遵循他们上一代人的做事方式。这主要是通过模仿来实现的。

模仿的本质——模仿是一种通过重复他人的行为来回应他人建议的本能。模仿的本能在一岁的孩子身上开始活跃,它需要一到两年的时间达到极值,然后逐渐变得不那么明显，但在一定程度上会在一生中持续下去。实际上，儿童在模仿方面是被动的。本能要求他模仿，而且他也别无选择。他所处的环境决定了他所模仿的对象，不论是好还是坏。在他还没有长大到可以做出明智的选择之前，他就已经模仿了他周围的许多行为。习惯捕捉了这些行为，把它们编织成行为和品格。随着年龄的增长，我们可以选择要模仿的东西，但是在年幼时，我们任由摆在我们面前的对象摆布。

如果我们的母语是我们最先听到的语言，那它就是我们的语言，但是，如果我们第一次听到的是汉语，我们将以几乎相同的能力学习它。如果我们听到的每一句话都是得体、正确和优美的，我们的语言也会如此；如果它是粗俗的、错误的或是充满俚语的，我们的言语也将是这样。如果最早作为规范的举止就是粗鲁不堪的，我们的行为举止也会那样；如果作为规范的举止是很有教养、彬彬有礼的，我们也会亦然。如果我们的行为和道德范本有问题，那我们的行为和道德将是相似的类型。我们走路、穿衣、思考的方式，都源于模仿。通过模仿，我们采用制定好的社会标准、政治信仰。我们的人生观和价值观在很大程度上是一种模仿。

模仿的个性——然而，即使给予相同的范本，两个人的模仿也不会完全一样。你有你的行为，我有我的行为。这是因为我们中没有两个人有完全相同的遗传，因此不可能有完全相似的本能。在我们不同的个性中，存在着不同的发明力和独创力，而这些能力取决于我们与范本之间的差异度。有一些人一辈子都是模仿者，而另一些人则把模仿作为发明比原始模型更好类型的一种手段。只会模仿的人，缺乏个性和主动性；一个只有模仿者的国家是停滞不前的。虽然模仿一开始都是盲目的，但随着个人或国家的进步，它应该变得越来越聪明。

有意识和无意识的模仿——正如这通常所说的“所有的意识都是运动”，是直接应用于模仿的真实写照。它意味着我们倾向于按照头脑里存在的想法行事。正如我们控制不了打哈欠或清嗓子。我们会自然地以微笑回应微笑，以皱眉回应皱眉。甚至我们从物质环境中得到的印象也会影响我们的行为。我们对这些想法的回应可能是有意识的，就像一个男孩为了模仿同伴而故意结巴那样；这些模仿也可能是无意识的，就像男孩不知不觉地在听结巴说话的过程中养成了结巴的习惯。孩子可能会有意识地保持整洁干净，以便于能够与一个舒适、整洁的家庭和睦相处；也可能由于生活在一个经常争吵的、不整洁家庭，他也不知不觉地变得邋遢、易怒。

我们常常刻意模仿他人所期望的东西，但是我们所模仿的东西可能都是在无意识中完成的。在有意识的模仿中，我们可以选择要模仿的范本，因此我们可以对好模型和坏模型进行判断和选择。然而，在无意识的模仿中，我们不断地接受外界环境对我们大脑的影响，没有任何判断和选择，只是随着我们的兴趣，这些影响一会儿把我们的注意力引向环境这一阶段,一会儿又转向另外一个阶段。

环境的影响——物质环境在很大程度上影响着我们的生活。漂亮的衣服、有艺术感的家、美丽的图画和装饰、迷人的公园和草坪、整洁的街道、精美的书籍,这些都有直接的道德和教育价值;另一方面,肮脏、混乱和丑陋是无知和犯罪的诱因。

霍桑在《人面巨石》中讲述一个名叫厄内斯特的男孩的故事。他听到一位即将到来的智者将会统治山谷的传说。这个故事深深地印在男孩的心中,他思考和梦想着这个伟大而善良的人。他在思考和梦想中度过了童年的时光,他凝视着山谷的另一边,远处的山坡上,大自然的岩石和峭壁已经形成了一张人类面孔的轮廓,这张脸以其高贵和亲切的表情而引人注目。他爱上了这张面孔,并把它看成是智者的原型,而让人意想不到的是:当他梦想着它的时候,他也不知不觉拥有了这张面孔所象征的美好品格,而他自己就变成了那位让人期待已久的智者。

人格的影响——然而,比物质环境的影响更强的是其他人格对我们的影响,这是生命对生命的触碰。一个活生生的人格包含着一种力量,它掌控着我们,刺激着我们,激励着我们,迫使我们做出新的努力,否则就会分解、贬低我们。每一个人都曾体验过这种生命的触摸,都曾祝福过或诅咒过他受到这种影响的那一天。无论是有意识地还是无意识地,这样的人格成为我们的理想和榜样;我们崇拜它,理想化它,模仿它,直到它成为我们的一部分。我们不仅在生活中,而且在书本里能发现这些伟大的人格,从这些书本里,这些伟大的人格与我们交谈,并影响着我们。

不仅仅只有伟大的人格具有影响力。我们接触的每一个生命,都以一股巨大或微小的影响进入我们的生活并帮助我们塑造它。我们也不应该忘记,这种影响是相互的,我们也正在以同样的影响力影响他人。

4.嬉戏本能

孩子要是不会玩耍还有什么意思?卡尔罗格斯说:“也许青春的存在一定程度上是由于能嬉戏、玩耍;动物不是因为它年轻而嬉戏,而是因为它嬉戏才年轻。”嬉戏是所有动物生命中的不可或缺的因素。成群的昆虫、顽皮的小猫、活蹦乱跳的羔羊、赛跑的小马、飞奔的燕子、狂躁的黑鸟群——这些都是所有动物嬉戏的例证。哪里有自由和幸福,哪里就有嬉戏;哪里缺少嬉戏,哪里就有悲伤和压迫。嬉戏是青春的乐园,它是童年的主要消遣。只辛苦劳作而不玩耍,人与负重的牲畜又有什么区别?

嬉戏的必要性——为什么嬉戏是必需的?为什么这种冲动根深蒂固于我们

的本性？为什么不强迫年轻人把他们无限的精力花在生产劳动上呢？为什么这么浪费呢？为什么我们有童工法？为什么不关闭学校的课间休息以节省时间呢？“只会用功不玩耍，聪明孩子也变傻”的说法正确吗？太正确了！为了证明这点，我们只需要看着那些从雇用童工的工厂里涌出来的孩子毫无生气的呆滞的脸庞。我们只需要看着那些无童年乐趣的孩子，变成一个个狭隘贫瘠的成年人。今天我们只需要追溯一下那些愚蠢、野蛮的人的历史，就会发现他们是童年未曾有过嬉戏。嬉戏对孩子来说就像食物、像阳光一样重要，就像空气一样不可或缺。

嬉戏的基础是自由，是身体活动和精神活动的自由。在玩耍中，孩子自己制订计划，他的想象力自由发挥，创意有用武之地，建设性的能力得以体现。这里有千百种倾向，单在狭隘的劳作中是永远不会表现出来的。孩子需要学会工作，但他必须有自由活动的机会，这只能通过玩耍实现。男孩需要一个成为战士、英雄的机会。他需要骑着扫帚进行一次危险的突袭，并用木剑冲破敌人的堡垒。他既需要做一个领导者同时也需要成为追随者。简而言之，他丝毫没有意识到，他需要通过他自己的活动来发展自己，他需要自由发挥。对于女孩来说，除了所从事活动的性质外，其他没有差别。

成长和教育中的嬉戏——正是从这些游戏活动中诞生了人生中更严肃的活动。嬉戏是我们进入世界各个工作领域的最佳途径，无论我们是学生还是教师，是繁忙的商贸市场从业人员、专业人士，还是农民或机械师，嬉戏将整个自我投入活动中；它培养人的独立习惯和个人主动性，培养艰苦奋斗、吃苦耐劳的个性，培养社会参与感，接受胜利和失败的勇气。这些正是职场上成功人士所需要的品质。

这些事实使嬉戏本能成为教育中最重要的一环。福禄培尔（Friedrich Froebel，1782—1852，德国教育家，幼儿园创始人——译者注）是首个认识到嬉戏重要性的人。幼儿园的存在，就是试图在学校里开展活动。正如人们所预想到的，在教育中引入这一全新因素的过程中出现了许多错误。有些人认为，要把整个教育过程重新塑造成嬉戏的形式，让孩子在知识的乐土里漫无目的地追逐蝴蝶，从而引导孩子拥有“乐土”。这注定是会失败的。其他人把影子误认为是实物，把嬉戏引入教室，但教室缺乏玩耍的第一要素：儿童的主动和行动自由。教育家和教师们发明了游戏和课余活动，并把其教给孩子们，孩子们就像完成任何其他任务一样完成这些活动，享受这些活动，但却错过了通过更大程度的自我指导来获得的发展。

工作和嬉戏是互补的——工作不能代替玩耍，玩耍也不能代替工作。两者不是对立的，而是相辅相成的。因为工作的活动会从玩耍的活动中成长出来，并且彼此都给对方增添了乐趣。那些从未工作的人和那些从未玩耍的人在同样缺乏发展。此外,决定活动是否适合参与者的不是活动的名称或特征,而是参与者对活动的态度。如果这项活动是出于自身目的而不是其他目的;如果它是针对孩子的兴趣而举办的,并且能让他自由和独立地活动;如果是需要他亲身体验,那么该项活动就具备了嬉戏的主要特征。缺少这些特征,无论其他因素是什么,它都无法称之为嬉戏。

如同其他本能一样,嬉戏除了对现在发挥作用以外,对过去和未来也同样大有裨益。在过去产生的模糊的兴趣在与环境的接触中得以培养,这决定了游戏活动的性质。现在产生发对未来游戏活动的预感。男孩调整自己以适应游戏的要求,寻求对同伴的控制或屈服,这是他以后在事业或职业中玩得更大的游戏的缩影。在儿童游戏房里的女孩,被一群不起眼的玩偶和宠物包围着,而责任心应该更真实的时候,她不知不觉地期待着更完美的生活。所以,我们不要吝啬给孩子们玩耍的时间。

5. 其他有用的本能

许多其他的本能会在青年时期成熟,并在个人成长中发挥作用。

好奇心——每一个正常人都有探寻和求知的天性。孩子好奇地望着这个未知的世界,并立即开始提问和尝试活动。每一种新事物都要本着探究的精神才能了解。兴趣是杂食性的,以环境的每一个阶段为食。没有什么东西太简单或太复杂而不需要关注和探索,好奇心对孩子的活动和体验产生至关重要的影响。

个体对学习和掌握自己世界的好奇心所给予的动力是不可估量的。试想一下,教孩子们那些他们毫无兴趣或根本不想了解的东西是多么困难啊!事实上,教育的一个最大问题是保持好奇心的活力和新鲜感,使好奇心的强烈影响可以促进努力和行动。青春永驻的最大秘密之一就是在青春年华逝去后,保持年轻的好奇心。

操纵本能——这是一个相当不令人满意的说法,用于形容处理或制造某物的普遍倾向。小孩用积木搭建围栏、洞穴和房屋,还有许多其他的东西。大一点的孩子有更多的玩具和工具,他会开展规模更加宏大的项目,随着他制造出船只、箱子、士兵和刀剑、风筝、游戏室等,他会陶醉于创造的喜悦中。即使是作为成年人,我们也会因为表达了自己的愿望而兴奋,那就是通过创造能够代表我们的创造力和技能的东西来表达自己。儿童破坏的倾向不是来自放肆,而是来自对操纵的渴望。

教育界最近才开始认真利用这一重要的本能。所有实验室教学方法的成功,以及手工训练和家庭活动等学科的成功,都充分证明了我们“通过实践学习”的格言。我们更愿意制作或操纵一个物体,而不只是口头上学习它。我们内心深处的冲动演变为创造，而不是简单的精神上对事实的描述。

收藏本能——孩子在很小的时候就有了“我的”和“属于我的”概念。产权意识与收藏各种东西的本能密切相关。也我们中大多数人都有过收集签名、邮票、硬币、虫子或其他一些几乎没有内在价值的东西。我们大多数人现在都还在执着于搜集财富、艺术品、珍稀书籍或其他我们所钟爱的物品。

学校教育可以多多利用孩子的收藏本能和所有权意识来开展活动。在自然研究、地理或农业学习中，收集课堂上使用的叶子、植物、土壤、水果或昆虫的孩子能得到一些单独观察和探索心得，而这些是不可能从书本中学到的。如果一个人在手工训练或家庭活动中可以得到自己做的物品，他将为物品的创作付出更多的努力和技能，而不仅仅是当作学校的任务来完成。

戏剧本能——每个人在成长的某个阶段都有点像一个演员。所有的孩子都喜欢“打扮”和模仿别人，见证了许多游戏场景中，孩子们扮演护士、医生、海盗、教师、商人或探险家的角色，他们在自发的想象的刺激下，不受思想约束地、自由地扮演角色。这种戏剧性的本能从未完全消失。当我们不再渴望自己表演时，我们会去剧院或电影中看别人表演。

教育从戏剧本能中获得了宝贵的帮助。尤其是在文学和历史教学中，优秀的教师自由地运用戏剧本能。戏剧本能在这些领域的应用可能会大大增加，并更广泛地扩展到道德和艺术等领域。

组织帮派和俱乐部的本能——很少有男孩和女孩在成长过程中未曾加入某个帮派、俱乐部或小团体。这种冲动通常来自两种不同的本能：社交和冒险。在我们的天性中，希望与我们的同类在一起，不是广义的人类，而是与那些同龄、志趣相投的人在一起。我们对秘密和冒险的热爱也是根深蒂固的。所以我们是排他的；我们喜欢做不寻常的事，摆脱我们日常生活中的平凡。即使是在做了被禁止的或是不符合常理的事情后通常会觉得懊悔，但也常常会获得一种满足感。

与许多其他本能一样，此本能的关键在于引导而不是压制。帮派的本能促使我们可以发展我们的运动队、辩论和戏剧俱乐部、徒步旅行俱乐部，以及许多其他的娱乐、慈善或社会组织。我们的目标不应是压抑，而应该是恰当的表达。

6. 恐　　惧

也许没有什么比恐惧的本能更能反映世界上所有生命时代的变化、危险、悲剧、苦难和死亡。

恐惧遗传——对童年的恐惧“每一步都会被铭记”，对经由种族传递的恐惧也是如此。张伯伦说：“凡是孩子听过的每一件丑陋行径，每一次震惊，每一次惊吓，都像掌中刺、肉中钉一样终身折磨着他。即使是最勇敢的老战士，最大胆的小无赖都无法忘记所有的——面具、妖怪、食人魔、精灵、巫婆、巫师;抓咬的、撕咬的、捏碎的东西;无数个想象中的母亲、护士或仆人形象的怪物都如影随形;数百代人致力于使儿童的大脑改变形态。也许没有哪种动物,即使是最容易受惊吓的动物,也没有像人类那样将这种恐惧遗传给下一代。"

霍尔(Granville Stanley Hall,1844—1924,心理学家、教育家,美国第一位心理学哲学博士,美国心理学会的创立者——译者注)让大家注意这样一个事实,即夜晚是二十四小时中最安全的时间;蛇不再是我们最致命的敌人;不必害怕陌生人;也不必害怕大眼睛和大牙齿的人;没有充分的理由解释风、雷、闪电为什么会使孩子们如此疯狂。但是"人类的过去似乎永远停留在他的现在";而孩子在害怕这些东西的时候,仅仅是总结了种族的恐惧经历,以及在他短暂的童年里遭受的太多苦难。

恐惧黑暗——大多数孩子都害怕处于黑暗之中。他怎会忘记不得不穿过一个令他感到害怕的黑暗房间?而更糟糕的是,他不得不独自躺在里面睡觉,由于极度恐惧,他浑身冒着冷汗!那些门是怎么都锁不上的,他仿佛觉得能透过门看到妖精来抓他!床下黑暗的阴影使他不敢去寻找隐藏在里面的怪物,怪物肯定藏在那里,可是他不敢面对!在深夜里赶牛的那条僻静的小路上,每一个篱笆角落都布满了形形色色的怪物,在那儿等着孩子们!

还有那个令人讨厌的关他的黑暗壁橱,"直到他学会做好为止"才能被放出来。还有阁楼上没使用过的活板门。我们常常在夜色中躺在昏暗的灯光下,眼睛一睁,就感觉有食人魔的眼睛在盯着我们,当恐怖越来越难以忍受时,我们就闭上了眼,但又一次又一次地睁开,直到我们完全疲乏和筋疲力尽,才进入一个不安的梦乡,梦见那只住在未使用过的阁楼上的可怕怪物!有人告诉我,那扇旧的活板门二十年来从来没有因为对人或怪物的撞击而开启过。我知道这是真的,但我不相信。我幼稚的恐惧给我留下了深刻的印象,单纯的事实证据无法抹去我的恐惧。

恐惧孤独——对独处的恐惧。屋子里悄无一人,房子显得又大又可怕!我们忽然间与狗或猫成为亲密的朋友,只是为了让这些小生命靠近我们!如果没有小猫、小狗的陪伴,我们就到谷仓里去,与鸡、猪、牛为伴,只为了离开空荡的房间不再忍受孤独。孤独有什么可怕的?我不知道。我只知道,对许多儿童来说,这是一种比成人体验到的更痛苦的折磨。

但为什么要一遍遍回忆呢?它们震撼着当今那些最强大的人。我们谁会愿意再次经历这些年幼时的恐惧?梦中的恐惧,对动物的恐惧,对毛茸茸的东西的恐惧,对鬼魂和死亡的恐惧,对致命疾病的恐惧,对火和水的恐惧,对陌生人的恐惧,对暴风雨的恐惧,对未知甚至无法想象的事物的恐惧,都比不上童年带来的恐惧可怕!如果你不得不忍受童年的痛苦,你是否还愿意重温童年的快乐呢?

种族会选择重新进行进化吗？我不知道。但是，就我个人而言，无论哪种情况，我都不会选择时光倒流。但愿年过半百的成年人在回忆起幼年的恐惧时，能同情当下的孩子，因为他们还没有摆脱恐惧本能的束缚。但愿所有人都能设法平息所有年幼时的恐惧，而不是去嘲笑它或使之变得更糟糕！

7. 其他不良本能

我们天生就有一些本能，这些本能可能对我们的发展起着很好的作用，但是当它们发挥作用之后，需要加以抑制或至少加以改进。

自私——所有孩子，或许所有成年人，都是自私的。小孩会把所有的糖果都拿走，而不给他的玩伴。他会愤怒和好斗，而不允许兄弟姐妹玩他最喜欢的玩具。即使被告知母亲累了或病了，不能照顾他，他仍然需要母亲的关心和照顾。但所有这些都是真实的，尽管我们需要将其转变为慷慨和无私，但这毕竟是我们的天性。因为从长远来看，每个人都应该自己照顾自己，而不是对自己的利益和需要漠不关心，以致需要别人的帮助。教育中的问题是要在自私和贪婪与无私和慷慨之间取得平衡，两者都是相互制约和平衡的。我们的口号不是消除，而是平衡。

好斗或打架的冲动——几乎每个正常的孩子都是天生的战士，就像每个成年人都应该具有征服的精神一样。我们种族所经历的长期冲突在我们对战斗的热爱中留下了印记。儿童的好斗，尤其是男孩的好斗，并不是需要压制，而是应该引导到正确的道路上，使之往好的方向发展。寻衅滋事的男孩被狠狠地揍了一顿，这将有助于制止这种冲动；另一方面，冒着打架的风险保护身体虚弱的伙伴并不可耻。孩子们需要就接受这样的教育：为了冲突而战斗是卑劣的，为了正义而战是光荣的。这个世界需要更多具有这种精神的成人！

我们得出以下结论：不良的本能不值得鼓励。最好是让它们从人们的视线中消失，或者在某些情况下，通过施加惩罚不让它们显现出来。它们是来自遥远的过去的回声，在美好的当前并不适用。我们要抓住并利用那些好的本能，以此为起点，培养有益的兴趣、良好的习惯和更高层次的情感生活。它们出现时，我们就该好好运用，因为它们的出现表明我们的身体为相关的活动做好了准备；而且，如果它们出现时不加以利用，它们就会消失并且一去不复返。

8. 观察与反思的问题

1. 你观察到在孩子身上正在发展什么样的本能吗？你观察到哪些本能会逐渐消失？你能知道孩子在什么年纪会出现这两种情况吗？把这些问题应用到你

自己的发展中去。

2. 在教授文学、创作、音乐、礼貌或道德方面,模仿有什么作用?

3. 应该教孩子们玩吗?列出你认为所有孩子都应该知道并能玩的游戏。有人说,对一个人来说,学会利用闲暇时间和有效地利用工作时间同样重要。为什么这是正确的?

4. 观察对儿童的教育,探究操纵本能、收藏本能、戏剧本能的使用程度。制订一个计划,通过这个计划,每一种本能都可以成功地使用。

5. 你可以举出几个自己有意识模仿、无意识模仿、环境影响的经历吗?我们学校的建筑风格中是否存在这种模仿或环境影响?

6. 你是否注意到十几岁以下的儿童在游戏中通常不会“团队合作”?如何解释这个事实呢?

第十四章　感觉及其功能

无论在心理上还是生理上,我们必须满足并克服惰性。我们必须有足够强大的动力来克服这种天生的惰性,使我们能够克服许多障碍而取得进展。我们的动力主要由我们的感觉和情绪组成。知识、认知为我们掌舵,而感觉和情绪提供动力。

因此,仅仅说服一个人的头脑是不够的。如果你一定要让他行动起来,他的情绪必须被调动起来。我们常常知道,某一行为是正确的,但由于感觉指向不同的方向而未能遵循它。当决定悬而未决时,我们将义务、责任、权利感和其他十几个行动理由堆积在一起,结果都被一个理由压倒了:令人不快。判断、理性和经验可能会联合起来告诉我们,一个预期的过程是不明智的,想象可能会向我们揭示它的灾难性后果,然而它的快乐如此吸引我们,以至于我们屈服了。我们的情绪往往比知识和意志的结合更强烈,它们是我们行动动机中经常被考虑的一个因素。

1. 感觉的本质

在接下来的几章中,我们将研究意识的情感内容——感觉和情绪。本章致力于研究感觉以及受情绪影响的感觉。

不同的感觉特性——至少六种(有些学者甚至说有更多)不同的、性质各异的感觉状态很容易被区分开来。它们是:快乐、痛苦、欲望、厌恶、兴趣、冷漠。快乐和痛苦,欲望和厌恶是直接对立的情感。兴趣和冷漠不是以类似的方式对立的,因为冷漠只是缺失兴趣,而不是兴趣的对立面。人们通常使用愉快的、不愉快的,或者令人愉快的和令人不快的,代替快乐和痛苦。*Aversion*(厌恶)常常被用作 repugnance(反感)的同义词。

乍一想,感觉只包括所给出的这些种类,这多少有些令人难以置信。因为我们不是经常感到牙痛,不能进行一次长期计划的旅行,失去一位挚友所带来的痛苦吗?当然,这是截然不同的感觉!同样地,我们也因生活中的快乐而快乐,因行善而受到赞扬,或因朋友或爱人的出现而快乐。在这里,我们似乎有着截然不同的感觉。

然而,我们必须牢记感觉往往建立在已知事物的基础之上。就像单纯的快乐或痛苦从不单独出现在意识中一样。头脑必须有某种东西可以感觉。"什么"必须先于"如何"。我们通常所说的感觉是一种复杂的意识状态,在这种状态中,感觉占主导地位,但它仍然是感知、记忆或其他一些认知过程的基础。在前面的几个的例子中,差异如此之大正是因为这种知识因素,而不是感觉因素。一种不愉快的感觉就是一种不愉快的感觉,无论它是来自一颗疼痛的牙齿还是因为失去一位友人。它可能在整个心理状态上的程度有很大的不同,但感觉本身的性质是相同的。

感觉总是存在于精神内容中——我们精神生活的任何阶段都不能没有感觉因素。我们看着彩虹,它美丽和谐的色彩交融,一种愉悦的感觉油然而生;然后我们转眼凝视耀眼的太阳,就会产生一种不愉快的感觉。在寒冷的早晨,一张舒适的床上洋溢着诱人的温暖,伴随着强烈的愉悦感,但前一天晚上,钻入冰冷的被褥的时候却伴随着相反的感觉。触摸一只手也许会带来欣喜若狂的快感,也可能伴随着一种令人不快的感觉。如此一来,通过所有的感官,我们不仅通过感觉和知觉来了解我们周围的各种物体,而且在了解的同时我们也在感觉。认知或认识过程,告诉我们"这是什么",感觉或情感过程告诉我们"这个怎么样"。那边的物体是什么?一束花。它对你有什么影响?令人愉快!

如果不是我们刚才考虑过的简单的感官过程,而是更复杂的过程,如记忆、想象和思考,情况是一样的。谁不曾陶醉于过去欢乐的回忆中呢?另一方面,谁又能从所有不愉快的记忆中摆脱遗憾、悔恨的痛苦呢?谁不曾在怀着愉快的心情期待着某个理想的目标中度过一个小时,或在想象的灾难中沉浸一个小时呢?感觉也伴随着我们的思维过程。每个人都体验过这样的喜悦,那就是解决了一些令人困惑的难题,或者我们破获了一些证明我们的判断是正确的可疑案例,在这些案例中,我们同样地没能逃脱伴随着智力上的失败而产生的不愉快的感觉。无论我们精神流的内容是什么,"我们发现它们无处不在,它们身上有一种稍纵即逝的,一种在任何特定时刻都对我们有价值或者它们对我们有兴趣的感觉"。

看似中性的感觉区域——很可能,我们日常生活中的许多无聊和习惯性的经历与我们的感觉没有太多的联系,我们只是稍微意识到一种与之相关的感觉状态。然而,一种完全没有感觉的意识状态,就像硬币只有正面没有反面一样不可思议。总会有某种感觉或情绪出现的。情感中性区的宽度,也就是一种感觉状态的宽度,这种感觉状态都会被区分为快乐或痛苦、欲望或厌恶,因人而异,或因同一人在不同时间而异。它在很大程度上取决于对感觉方向的关注程度,以及对感觉辨别力的精细程度。可以肯定地说,零范围通常很小,可以忽略不计。

2. 心情和性格

在任何特定时间，伴随着各种感受和思维过程的所有感觉的总和，形成了我们所说的感觉基调或心情。

心情是如何产生的——在我们清醒的大部分时间里，甚至在我们睡觉的时候，大量的感知电流涌入大脑皮层中心。此刻，我们可以听到马车的隆隆声，蟋蟀的鸣叫声，远处的说话声，还有上百种其他的声音；同时，眼睛受到光、颜色、物体等各种各样刺激的吸引；皮肤对许多接触和温度都有反应；身体的每一种末端器官都扮演着"发送者"的角色，向大脑发送信息；还有不断从内脏器官（呼吸器官、循环器官、消化器官和同化器官）输送到大脑皮层的强大电流。最后，随着印象一起进入我们的脑海——我们的冥想、记忆和想象，我们的思考和意志。

由此我们可以看到感觉是多么的复杂，在任何时刻，感觉都以心理流的一部分出现。正是这些来自末端器官或内脏器官的感知电流，以及与我们思想生活相关的大脑皮层中的那些电流构成了整个感觉基调或心情。

心情影响我们的所有想法——心情的好坏取决于进入大脑皮层的神经电流的特性，并且随着电流特性的变化而变化。如果电流一直保持不变，那么相应地，我们的心情也会保持稳定；如果电流有所变化，那么我们的心情也会有所起伏。心情不仅依赖于我们的知觉和思想的质量，而且反过来也影响了我们的整个精神生活。心情作为一种背景，其色调反映了我们所有的思想。如果心情低落，那么整个世界就会黯淡无光；相反，心情愉悦，世界就会绽放笑脸。

据说，新英格兰教会的一位早期巡游牧师在他的日记中记下了以下内容，从而很好地说明了这一点："周三傍晚，我来到布朗兄弟家里。骑了一天的马，我感到又累又饿。在布朗家，我吃了一顿丰盛的晚餐，有凉拌猪肉和豆子、热乎乎的面包、熏肉和鸡蛋、咖啡，以及花样繁多的点心。去休息时，我感到一身轻松，前途光明，觉得自己来到这里是从事一项伟大而光荣的事业。布朗兄弟的家人都是虔诚的。"下一条记录如下："周四，清晨。昨夜琐事颇多，今早起床较晚。我感到万念俱灰，前途黯淡；我觉得自己不应该来到这里跟他们相处，我开始害怕自己的灵魂会被他们影响。我担心布朗兄弟的欲望。布朗和他的家人对肉欲的东西太在意了。"消化不良的人通常是悲观主义者，乐观主义者总是保持乐观的心情。

心情影响我们的判断和决定——当我们处于某一种心情时，孩子们的咿呀之语也许成了悦耳之音，而当我们处于另一种心情时，它就会变为极其不和谐的噪声。我们觉得非常搞笑的恶作剧，在另一天也许会认为是一种冒犯。在一位有说服力的演说家所引起的乐观情绪下，一个看似完全合理的建议可能在几个小时后显得完全站不住脚。当我们处于愤怒情绪时,这些决定似乎是合理的;当我们变得更冷静时,这些决定往往显得不明智或不公正。当世界变得光明时,那些容易促使我们采取行动的动机,在我们心情阴沉时却无法打动我们。即将来临的危险和灾难的感觉是在阴天时容易产生;当太阳冲破云层,我们又回到了我们自己时,这种感觉会迅速消散。

心情影响努力——光明而充满希望的心情加速了每一种力量,增强了每一种努力,而绝望的心情限制了力量,削弱了努力。垂头丧气的足球队从来不能发挥出最高水平。带着失败的信念去学习的学生很难成功,而那些对自己掌握功课的能力充满信心的学生已经成功了一半。世界上最好的工作不是由那些生活在沮丧和怀疑的阴影中的人完成的,而是由那些永远心怀希望的人完成的。乐观主义者是人类的恩人,乐观精神更能感染他人;而悲观主义者无论对增加世界财富还是对提升人们的幸福感都没有贡献。年轻人的热情和不屈不挠的精神,是建立乐观的精神上的。出于上述因素,教室中的气氛应该是幸福和愉快的。

性格是心情的结果——我们的心情最终造就了我们的性格。我们无论是心情愉悦还是沮丧,都将取决于进入它们的情绪的主导特征。就如同在在荆棘中采葡萄,蓟花中找无花果一样,我们欲在不良的情绪中获得令人满意的性格。阳光的性格决不会来自忧郁的情绪,同样,乐观的性格也不会在“情绪低落”中形成。是我们的性格决定了我们是否值得成为朋友和伙伴。

不管智商如何,脾气暴躁的人很难成为一个理想的伴侣。我们可能会同一个无法领悟牛顿科学推理的人友好相处,但是很难与“情绪低落”的人长期相处。我们也不能把自身性格的责任推脱到祖先身上。性格不是一种继承,而是一种发展。慢慢地,日复一日,情绪不断累积,我们逐步形成自身的特性,直到最后形成我们独一无二的性格。

气质——然而,有些人很容易受到某些情绪的影响。我们遗传下来的神经系统与我们最容易陷入的情绪有很大关系。我们称这种倾向性为气质。人的气质带有先天遗传的性质,因此即使我们发现自己倾向于某种不良的情绪,我们也不能摆脱它。即使有遗传倾向,我们仍然可以在很大程度上决定自己的心情。

如果我们有一种开朗、安静和乐观的情绪,心理学家将这种性格称为多血质(乐观);如果我们容易激动和易怒,有闷闷不乐或生气的倾向,则被称为胆汁质(胆怯);如果经常感到情绪低落,通常看到事物的阴暗面,有沮丧的情绪倾向,则被称为抑郁质;如果感到萎靡不振,有懒散和冷漠的情绪,则被称为黏液质。无论何种气质,都是我们性格中最重要的因素之一。

3. 永恒的情感态度或情操

除了我们称之为情绪的短暂的情感状态之外,还有一类包含更多复杂智力因素的情绪态度，它具有更高的本性，比我们的情绪更持久。我们可以称之为情操或态度。我们的情操包含了某种程度的恒定感觉和认知，我们称之为同情心、友谊、爱情、爱国主义、宗教信仰、利己主义、骄傲、虚荣心，等等。情操与性格一样，都是成年累月积累而成。然而与性格不同，我们的情操相对独立于生理方面，更主要地以长期持续的经验和智力因素作为基础。肝功能不良可能使我们陷入一种易怒的情绪，如果这种状况长期持续下去，可能导致性情暴躁；但这不能毁掉一个人的爱国心，使他背叛自己的祖国。人们对这类事情的态度根深蒂固，一时是无法改变的。

情操如何发展——情操始于具体的经验，其中感觉是主要的因素，并且通过这些经验的倍增而成长，就像概念是通过许多认知而发展的那样。在这两种情况下，每个经验的背后都留下一个残余元素。就概念而言，残余元素是理智的，而就情操而言，它是一个情感元素占主导地位的复合体。

通过一两个例子能很容易看出的这一结论是如何得出的。孩子感到饥饿时，母亲会喂他吃东西，这会让孩子感到愉悦；母亲把孩子放进浴缸然后搂在怀里是一个令人愉悦的体验。孩子把母亲看作一个能让其感到愉悦的人，所以当有母亲陪伴时孩子会很快乐，当母亲不在时孩子会渴望见到她。孩子逐渐爱上了母亲，不仅是因为母亲无数次带给他快乐，而且也是她也爱他。这种感觉最初与母亲的照料所带来的愉快经历完全相连，毫无疑问，这种感觉由于对爱的本能倾向而加强，后来又由于对母亲的关怀和奉献的意义有了更充分的认识而增强，最后发展成为一种对母亲深沉的、有力的、永恒的爱。

经验的影响——爱国主义情操也如此。只要我们的爱国主义是发自内心的爱国主义，而不是喧闹的口号，那么当我们想到英雄主义和为国捐躯事迹时，以及我们作为公民，国家给我们带来的幸福时，心中就会产生感激与爱。如果我们有过具体的经历，例如，我们的财产免于暴民毁坏，我们的生命免于外敌毁灭，那么爱国情绪将会更加强烈。

所以我们可以把这个例子运用到所有的情操中。骄傲源于对自己的成就或财产的欣赏或过度欣赏。自私也有它的缘由，在这种情况下，快乐源于只为自己考虑。在所有这些情况下，我们的情操都是从我们的经验中发展而来的：它们是我们将那些持续了很长时间的经验展示的，永久且不断增长的结果。

情操的影响——我们的情操，如同我们的性格一样，不仅在我们的经验中自然增长，而且影响我们进一步发展的方向。我们的情操为新经验的成长提供了有利或不利的土壤。一个爱国主义情操根深蒂固的人，无论在战场上、法庭上或个人生活中，一般不会做出背叛自己国的事。一个热爱自己母亲的人，即使在面对诱惑时，也很难做出伤害母亲感情的事情。一个人的情操是衡量他性格的标准。如果我们了解一个人对道德、友谊、忠诚，以及其他重大生活问题的态度或情感,那就基本不需要了解他其他方面了。如果他在这些方面是正确无误的,那么他在其他方面也是值得信赖的;反之,他就是不可靠的人。

文学从我们的情感领域汲取了最好的灵感和最佳主题。友谊给了我们戴维和乔纳森,达蒙和皮西厄斯,以及丁尼生和哈勒姆这些文学形象。爱情激发了无数的杰作,没有它的帮助,我们大部分小说都将失去其情节,大部分诗歌也将丧失其魅力。宗教情结激发了弥尔顿创作出了世界上最伟大的长诗《失乐园》,爱国主义情结为作家和演说家提供了取之不尽的主题。同样,如果我们观察音乐和艺术领域,会发现大师们的最大成就是围绕着人的某些情操而展开的,这些情感吸引着他们,并通过在画布或大理石上表现这些情感而使之永垂不朽,从而吸引我们,并引发我们情感的共鸣。

以情操为动机——情操提供了控制我们生活的最深刻、最持久和最有力的动机。爱国主义、自由主义等情操,使千军万马在战场上奋战牺牲。友谊和爱情催生了无数的自我牺牲和爱的奉献行为。羡慕、骄傲和嫉妒的情绪改变了国家,并促使人们犯下了成千上万种无法名状的罪行。慢慢地,从摇篮到坟墓,我们一天天地在生活中编织着感情的线,最后,它变成了许多将我们与善或恶捆绑在一起的纽带。

4. 观察与反思的问题

1. 你是否受“情绪低落”或是其他类型的沮丧情绪的影响?你的情绪是非常多变的还是十分稳定的?你认为自己的性格属于哪类?你的性格是怎样形成的,它在多大程度上取决于遗传气质,在多大程度上取决于日常情绪?

2. 你能回忆起由于自己的身体状况,或是由一些令人不安的精神状态所而引起的一些不良情绪的例子吗?在一间通风不良的房间里,你早上睡醒后的心情是什么样的?在一间通风不良的教室里坐了半天之后又如何呢?如果睡觉前吃了消化不良的食物又会怎样呢?

3. 仔细观察一些孩子或你的同学,看看你是否能确定每个人的性格特征。观察几个不同的学校,看看你能否注意到每间教室特有的氛围。试着找出引起差异的原因。(房间的物理条件、教师的个性、管理方法、教学等)

4. 你什么时候工作效率最高?是快乐时,还是忧郁时?是自信满满时,还是垂头丧气时?以一种配合老师的精神状态时,还是逆反的精神状态时?现在把你的结论与教室或家里的气氛联系起来。阐述为什么学校的“精神”至关重要。(对努力、成长、性格、情绪、性格等的影响)

5. 衡量你的心情影响你生活的程度。感觉是行动的安全指南吗?列出年轻人应该培养的重要情操。如何利用学校的教育来加强有价值的情操?

第十五章　情　　绪

感觉和情绪不应被视为两种不同类型的心理过程。事实上，情绪只是一种高度紧张和复杂的感觉状态。当令人兴奋的原因足以使我们摆脱常规的情感体验时，情绪就超越了简单的感觉状态。感觉和情绪的区别是一种纯粹的武断的区别，因为二者间的不同只是复杂性和程度的不同，许多感觉可能上升到情绪的强度。当我们听说一起铁路交通事故中有较大伤亡，而我们的某一家庭成员又正是遇难者之一时，伤感的心情很可能会突然变成悲痛的情绪。快乐的心情可能发展成喜悦的情绪，或者怨恨的感情可能发展为狂暴的情绪。

1. 情绪的产生与表达

情绪让心灵和身体的联系更加密切。大家都很熟悉这样的事实：愤怒的情绪往往会在击打中得到释放，在爱抚中得到关怀，在飞行中得到恐惧，等等。但是，人们尚不清楚我们的机体是如何产生情绪的。詹姆斯教授和兰格教授已经提到，情绪不仅会产生某种独特的反应，而且情绪本身也是由某些深层次的生理反应引起的。下面让我们更充分地理解这一说法。

情绪的生理解释——我们必须首先记住，心理状态的所有变化都伴随着相应的生理变化。刻苦、专注的思考会加快心跳；敏锐的注意力伴随着肌肉的紧张；某些视觉形象或声音会增加呼吸频率；令人讨厌的气味会让人感觉恶心，等等。我们的生理有机体对心理变化的反应是如此完整和完美，一位心理学家曾说，如果我们有足够精密的仪器，就能够测量一朵飘过的云在熟睡孩子的眼帘上投下阴影时，会对孩子全身引起怎样的反应。

引起一种情绪的顺序如下：(1)某个已知事物，一些来自直接的直觉，或来自记忆或想象的事物进入潜意识。(2)这个事实或已知的事物必须具有这样的性质，即：建立根深蒂固的，特有的有机反应；(3) 这些生理反应所伴随和引起的感觉构成了情绪。例如，我们可能正以一种完全平静与平和的心态在街道走过。这时我们看到一匹筋疲力尽的马因为无法把超载的货车拉上湿滑的斜坡，车主因此残忍地抽打着它。当我们面对这种情况时所掌握的事实构成了我们意识中发展的情绪反应的第一要素。于是，我们的肌肉开始紧张，心跳和呼吸加快，脸部呈现出不同的表情，双手紧握——这就是整个机体对令人不安的情况做出的反应。这就是使情绪不安的第二因素——生理反应出现了。随着我们对这种残忍行为的愤怒和由此产生的生理反应，我们感到气愤和怒火一波波涌入我们的内心。即我们产生了情绪。我们所有的情绪都以这种方式被唤醒了。

特征性情绪反应的起源——为什么某些事实或意识对象总是引起某些独特的有机反应？

为了解决这个问题，我们必须首先要超越个体，诉诸于种族的历史。在种族层面已经找到了相关解释，个体具有重复性。但即使这样，也很难理解为什么在受到威胁或伤害时，畏惧、面色苍白和颤抖这些特定的生理反应是最好的反应。很容易看出，促使逃跑或阻止伤害的感觉应该是更有用的。显而易见，伴随愤怒而产生的肌肉紧张、牙关紧闭、呼吸不畅、脉搏加快，以及引发愤怒本身都有好处。但是，即使我们无法完全确定为什么今天所有的本能反应以及和它们相关的情绪对整个种族来说是最好的，我们也可以肯定，情况就是这样的；大自然是无情的，她的规则是：只有在大多数情况下被证明是有用的事物才能持续存在下去。

关于这一点，有个有趣的问题，即为什么我们感觉情绪伴随着我们的某些特定的机体反应，而不是其他反应。知觉不断向我们涌来，记忆、思想和想象在不断地发挥作用，而这些持续的作用导致每一个瞬间的身体反应程度不同。然而，强烈到足以引起一种情绪的感觉只是一种偶然的事情。如果情绪伴随着任何形式的身体表达，为什么不是全部？让我们看看是否能发现任何原因。一天，我看见一个男孩在街上遛狗。突然，狗挣脱绳套跑掉了。男孩站在那里看着狗愣了一会，然后勃然大怒。发生了什么事？在狗跑开之前，一切都在男孩的掌握中顺利地进行着。他的思想和计划没有受到阻碍。然后在一瞬间情况发生了变化。经验的顺畅流动受到了检查和阻碍。神经电流的放电，意味着思想、计划、行动被阻断。出现了需要重新调整的危机。神经电流必须流向新的方向，提供新的思想、新的计划、新的活动——狗必须被抓回来。在神经电流沿着它们习惯的通道堵塞的情况下，情绪产生了。或者，用心理术语表述为：当我们遇到一些需要暂时或永久调整思想关系和计划的危机时，我们思想的正常流动受到剧烈的干扰，这时就会发生情绪。

情绪持续时间——如果所要求的调整只是暂时的，那么这种情绪是短暂的，而如果这种调整必须持续更长的时间，那么这种情绪也会持续更长的时间。雷声过后的恐惧是相对短暂的，因为震动在一瞬间就消失了，我们的思想只是暂时被扰乱了。然而，如果迫在眉睫的危险持续存在，比如某个刺客威胁着我们的生命，恐惧就会持续。孩子因失去亲人而悲伤的时间相对较短，因为孩子的生活并不像老年人那样与失去对象的经历那么紧密相连，因此调整起来更容易。成年人对失去挚友的悲伤会持续很久,因为被悲伤的对象已经成为失去亲人经验的一部分,因此这种损失需要对整个人生进行一次非常彻底的调整。然而,在这两种情况下,随着调整的完成,情绪也逐渐消失。

经验中伴随危机的情绪——如果我们对情绪的描述是正确的,那就可以看出,我们日常生活中的普通经历产生的感觉是更简单、更温和;这些感觉一直是我们的思想和行为的评价标准。情绪或者更强烈的情感状态是在危机或紧急情况下偶尔出现的高潮。我们对某些特定的挑衅行为感到愤怒,对环境中的一些特别的因素感到恐惧,对一些突如其来的好运感到高兴。

2. 情绪控制

表达依赖性——由于所有的情绪都主要依赖于某种形式的身体或生理表达,及其对此的反省,因此控制情绪的第一步是确保消除作为其基础的意识状态。这是可以做到的,例如,对于一个孩子来说,可以这样做,要么把这只可怕的狗从他面前赶走,要么说服他那只狗是无害的。然后机体反应就会停止,情绪也就消失了。然而,如果思想是持续的,它的刺激也是持续的,那么只能控制生理表达,并以这种方式抑制情绪。如果我们能保持脸上的微笑、肌肉的放松、心跳的平稳和所有其他器官的正常状态,而不是额头的紧绷、肌肉的紧张、心跳的加快,以及随之而来的所有深层的有机变化,我们就不会产生愤怒。如果我们害怕老鼠,并且每次看到老鼠时都会有一种几乎不可抗拒的爬上椅子的倾向,那么我们就可以通过坚决拒绝表达这些倾向来消除恐惧。抑制表达必然意味着情绪的消失。

表达依赖性在情感世界中有好的一面,也有不好的一面,因为它意味着如果我们不把好的或坏的情绪表达出来,它们就会消失。我们都知道:在我们自己的经历中,一种找不到表达方式的兴趣很快就会消失。怜悯之心如果得不到表达,久而久之,就会变成漠不关心。就算是爱情,也离不开表达。情绪的目的是让人们表达出来,如果不能表达出来,那么他们就会消失。

通过表达来缓解——情绪状态不仅会引起有机反应,而且往往会导致其他行为。当我们生气、恋爱或者恐惧时,我们有冲动去做一些相关事情。虽然情绪可以通过抑制它赖以建立的生理表达来抑制,但情绪紧张的状态也可以通过某些形式来缓解。所有人都曾体验过,在过度紧张之后大哭一场是多么的放松。当一个人哭不出来时,没有比干涸的悲伤更痛苦的悲伤了。愤怒或烦恼的情绪会因某种形式的爆发而得到缓解,例如打架或吵架。当告诉一个人我们对他的看法时,我们往往会感觉好一些。

乍一看,这一切似乎都与我们所解释的情绪不同。然而,情况并非如此。我们已经知道，当神经电流通常的放电路径被阻塞时，就会产生情绪，神经电流必须寻找新的出口，从而建立新的运动反应。例如，在悲伤的情况下，整个机体都会出现紊乱：心跳紊乱、血压降低、神经张力降低。现在需要做的是找到一个出口，从而为产生这些特定反应的电流找到一条不会产生这种深层次结果的放电路径。我们可以发现，在哭泣中、在愤怒的爆发中，消耗的能量被转移，不产生内部干扰，有助于恢复神经电流的平衡。

如果印象已经在脑海中呈现，那么解脱就不会随之而来——然而，当表达方式不起作用时，情绪会越来越强烈。一个人可能通过开始谈论一种侮辱而使自己陷入了愤怒的情绪中，并且随着他变得越来越暴力，这种情绪越来越强烈地进入他的意识中。恐怖画面对人的影响的效果很容易观察到，当一个人在夜里害怕时，他会拔腿就跑。毫无疑问，如果他能做到这一点，而且不把威胁想象成是在追捕他，跑步会减轻他的恐惧。但是，随着他的想象力在每一步都勾勒出可怕灾难的可怕画面，所有的控制都丧失了，新的恐怖浪潮涌上了胆小的灵魂。

情绪控制的增长趋势——在现代文明中，情绪控制呈现不断增长的趋势。原始人比现代人更自由地表达悲伤、快乐、恐惧或愤怒。这并不意味着原始人比现代人感觉更深刻；因为，正如我们已经看到的，哭泣、大笑或咆哮只是整个身体表达的一小部分，一个人的整个有机体可能被激发到它的深处，而没有任何这些外在表现。随着人类文明的进步，人类发现不向周围的人透露自己的感受是十分明智的。脸部是人体最富表现力的部分，尽管现代人的脸部所能表达的感情远远多于原始人，但它已经处于人体如此完美的控制之下，以至于很难通过它来读懂现代人的情感状态。同样的差异在孩子和成年人之间也可以观察到的。孩子通过表情表现出自己的每一种情绪，而成人却不会把自己的所有情绪表现出来。

3. 情绪培养

没有什么心理因素比我们的感觉和情绪更能让我们享受生活。

情绪和快乐——如果所有的感觉和情绪都从人类的经验中消失了，我们中很少有人愿意活下去。诚然，情绪常常使我们感到痛苦；但生活中的欢乐战胜了痛苦，我们的感情就可以使我们享受快乐。没有同情、爱和欣赏，生活真的会变得贫瘠。此外，只有通过我们自己的情感体验，我们才能够理解和享受生活。如果不能做到这一点，我们就错过了社会经验中最重要的一个阶段，我们的生活也因此变得非常贫瘠。

解读我们的微妙情感也是一门艺术。人类的脸和形体向那些能够阅读它们迹象的人呈现出一幅不断变化的感觉状态全景图。能够读懂他人细微的感情，才能对他的性格进行精细解读，这些感情在表达上表现得过于微妙，以至于不能被粗心的观察者所读懂。感情往往藏在内心，无法向外表达，我们很难向那些无法欣赏和理解我们的人展示最深的自我。

情绪是如何发展的——情绪和智力或肌肉一样，需要通过适当的锻炼来培养。我们的思想是把注意力集中在好的情绪所依附的事物上，避开那些会产生不良情绪的事物。正如前面所说，要发展情绪必须找到表达方式。我们必须对情绪的倾向做出反应，否则它们就会消失。如果爱促使我们对一个痛苦的人说一句好话，那么这个词必须说出来，否则这种感觉就会消失。另一方面，我们希望去抑制不想表达出来的情绪。当我们生气时，不说出不友善和刻薄的话，不表达出对无害事物的恐惧，这种情绪就会消失。

我们环境中的情绪因素——我们会在日常生活中发现许多培养情绪的事物。我们每天遇到的那些人，很多人是渴望得到欣赏和同情的。每一个人都有可爱的特质，他们会向喜欢他们的人展示自己。生活中到处都存在不公平，要求我们的愤慨和怒火，以及伸张正义。邪恶让我们憎恨和抵制，危险则让我们恐惧和努力避免。如果我们能完全理解生命和行为的本质，那么就能明白，人类的生活和人类文明的发展总是吸引我们天性的那方面。

然而，在许多人都有某种盲目性，这种盲目性使我们认为自己是世界的主角，认为自己的快乐、悲伤或恐惧是世界上最显著的，而无法意识到别人也可能和我们一样有同感。当然，这种以自我为中心的心态对任何真正情感的培养都是致命的。它导致的情感生活不仅缺乏广度和深度，而且缺乏视角。

文学与情绪培养——学习文学可以教会我们在生活和经验中寻找何物来增加我们对情绪的理解能力。在这里，我们发现文学大师以理想的方式将生活诠释给我们，透过他们的眼睛，我们看到了从未发现的新的情感深度和广度。文学与人类生活的其他方面相比，在情感表达方面都更为突出。正因为如此，文学才成为一种普遍性的语言，因为我们的情感语言比我们的理性语言更容易被理解。微笑、哭泣、大笑、皱眉、爱抚，全世界的人们都能理解。它们是普遍存在的。

然而，我们可能会沉迷于文学作品或舞台上对情感的过度渲染，以至于觉得我们周围的日常生活单调乏味、枯燥无比。作家或演员的诠释远远超出了我们能够为自己所做的，所以我们接受他们的诠释和表达，而不是在我们自己的环境中寻找可能吸引我们情感的材料。有些人很容易为书中或舞台上的一个虚构的人哭泣，却对他们周围存在的真正的痛苦缺乏同情，这种情况并不罕见。有个故事讲述的是剧院里的一位女士，她为剧中主人公的苦难而哭泣，就在她掉下不必要的眼泪的时候，她的车夫因为不得不在街上等她而被冻死了。我们看似平淡无奇的环境充满了对情感生活的建议，而书籍和戏剧只能帮助我们发展出正确回应这些建议的能力。

情绪过度兴奋的危害——即情绪过度兴奋也是有害的。情绪紧张时神经就会紧张。没有什么比勃然大怒更让人筋疲力尽的了。严重的惊吓常常使人在数小时内丧失脑力或体力劳动能力,甚至可能导致永久性伤害。悲伤明显地降低了整个神经紧张的情绪,甚至过度的快乐也可能是有害的。

在我们实际的日常生活中,情绪过度兴奋的危险是很小的,正如关于本能的讨论所显示那样,除非是儿童感到恐惧的情形,以及对失去我们所珍视事物的悲伤。如果我们的长辈能保护我们免于那些不必要的伤害的话,我们也可以避免大多数儿时的恐惧。虽然我们可以做很多事情来控制悲伤,但是我们无法逃避它们。长期持续的情绪过度兴奋,除非采取相应的活动,否则我们会看到他们为人类的错误而哭泣,却从不做任何事情来帮助它们;他们对人类遭受的苦难感到悲痛,但不能被劝说去帮助人们减轻痛苦。詹姆斯告诉我们:"因为一个人的行动,我们可以解救世界上一千个感觉痛苦的人。"

那么,我们应该注意,我们的好心情并不是简单地消失,而是找到了一个地方来发挥自己的作用,去实现好的事情;我们不像哈姆雷特那样,对错误大喊大叫,却不去改正错误。如果我们的情感生活要丰富而深刻,并有效地影响我们的行为和性格,它就必须在行动中找到出路。

4. 以情绪为动机

情绪总是动态的,我们的情绪构成了我们行动和成就的最强烈动机。

我们的情绪是如何强迫我们的——在对一个堕落生命的改造中,爱做到了意志力所无法完成的事情;它导致了王朝的衰落,并改变了国家的版图。仇恨是一种强烈的动机。恐惧会使那些被它控制的人变成野兽,使他们践踏无助的妇女和儿童,然而在清醒的时刻,他们会用生命来保护他们。愤怒阻碍理智散发光芒,并使平和善良的人做出凶恶的行为。

因此情绪从最微弱和最简单的兴趣、各种各样的快乐和痛苦,以及所有生活中的感觉,到以压倒性的力量控制我们生活的强烈情感,构成了敦促我们不断地去做、去挑战的动力。因此,从这个角度来看,重要的是我们应该拥有正确的情绪类型和情绪发展,这与消除不良情绪同样重要。

情绪的习性——情感和情绪都是习惯的一部分。也就是说,我们可以形成情感习惯和其他习惯,而且它们很难打破。任由愤怒失控会导致愤怒爆发的习惯,当一个人习惯于控制自己的脾气时,他就会发现自己的脾气会保持在一定范围内。人们可以养成在任何时候都表现出恐惧的习惯,或者抑制恐惧表达习惯;可能形成嫉妒或自信的习惯;甚至有可能形成善于表达爱的习惯,或者抑制自己的爱意,不会去寻求表白。

同样的,习惯是通过那些养成习惯的行为而形成的。如果我们想要形成某种情绪习惯,我们所要做的就是纵容我们所期望的那种情绪表达,然后习惯就会随之而来。如果我们希望养成长期生活在忧郁状态的习惯,那么我们所要做的就是变得忧郁,表现得足够忧郁,这种情感表达方式将成为我们的一部分。如果我们希望养成快乐的生活习惯,我们可以通过鼓励相应的表达来达到这个目的。

5. 观察与反思的问题

1. 你可以通过什么样的身体表情来识别愤怒的状态?恐惧、嫉妒、仇恨、爱还是悲伤?你知道那些在情感上倾向于过度表达的人吗?谁的情感表达太少?在这方面你会如何分类?

2. 你对别人的情绪有自然的反应吗?也就是说,你有同情心吗?你很容易受情感书籍、戏剧的影响吗?在某些实际活动中,如果不给情绪一个适当的出口,那么过度兴奋情绪有什么危险?

3. 你是否注意到成年人不重视孩子的情绪?例如把孩子的悲伤视为微不足道的事情,或者把恐惧视为可笑的事情?孩子的情感生活和成人的一样真实吗?(详见贝茨《父亲和母亲》第九章)

4. 你知道孩子们因为害怕被嘲笑而压抑自己的情绪吗?你是否认识有些人以轻率或开玩笑的方式评论孩子们那些幼稚的爱情故事吗?这样做对吗?

5. 某些孩子会突然发怒,有什么办法帮助他吗?某些孩子容易哭,你建议怎样处理?(为什么不应该嘲笑?)

6. 你有没有注意到有老师利用文学或历史课来培养良好的情感?你在自然研究课上看到了什么样的情感?你在操场上看到了哪些需要克制的情绪?你认为在学校里,孩子的情感生活总体上受到足够的重视吗?在家里情况如何?

第十六章　兴　　趣

兴趣在我们的生活中是我们采取行动的一个重要动机,它使我们的行为变得色彩鲜明,并为我们的努力指明方向。

1. 兴趣的本质

我们在前面的章节中看到,个人习惯在种族习惯或本能方面有所提高。现在我们来看看兴趣是如何帮助个体从他的本能行为中选择那些有助于形成个人习惯的行为。本能让孩子开始进行许多不同的活动,但并不规定应保留哪些特定的行为作为习惯的基础。这时兴趣就来了,说:“这个行为比那个行为更有价值;继续这个,放弃那个。”本能促使婴儿做出无数身体和四肢的动作。兴趣会挑出那些与有机体的福利最为密切相关的事物,孩子们会倾向于这些事物而不是其他事物。因此,在手臂、腿、头和身体的随机运动中,我们最终发展出比随机活动更有用的协调活动。这些源于本能、由兴趣所选择的活动,很快就形成了习惯。

兴趣是一个选择性的代理人——同样的道理也适用于心理活动和生理活动。此时此刻,一千条通道正为你的思想之流敞开,但你的兴趣已将它引导到一个特定的通道中,至少在当时,这个通道似乎具有最大的主观价值,而现在它正在这个通道中,除非你的意志迫使它离开。你的思维自然而然地跟随着你的兴趣,就像铁针和磁铁一样,因此你的思维活动很大程度上是由你的兴趣决定的。这也就是说你的心理习惯也取决于你的兴趣。

每个人都知道感兴趣是什么,但是兴趣,和其他意识的基本状态一样,不能被严格定义。(1)从主观上看,兴趣可以被看作一种情感态度,它将我们的活动置于主观的价值尺度中,并从中选择。(2)从客观上看,兴趣是唤起情感的对象。(3)从功能上来说,兴趣是意识的动态阶段。

兴趣提供了一个主观的价值尺度——如果你对骑马而不是骑自行车感兴趣,那是因为前者比后者对你有更大的主观价值。如果你对阅读这些单词感兴趣,而不是想着下一个社交活动或上一次的野餐聚会,那是因为此时所建议的想法比其他想法更有价值。由此可知,你的价值标准体现在你的兴趣特征中。对赛马场、游戏和低级娱乐场所感兴趣的年轻人承认,这些东西在吸引他主观价值的事物中占有很高的地位。如果一个母亲的兴趣主要是俱乐部和其他社交组织,那她一定认为这些价值比她的家庭更重要。读者如果只对浅薄的、无聊的文学感兴趣,就必须承认,在他主观的价值尺度上,这种类型的东西比大师的作品要高。对分数最感兴趣的老师和学生更看重这些分数而不是真正的成就。因为,不管我们的主张或断言是什么,兴趣最终都是我们分配给活动价值的可靠晴雨表。

就我们的一些感情而言,不可能总是把客观的一面归因于它们。一种无聊的感觉,一种迫在眉睫的危险感觉,或者一种活跃的感觉,可能是由一种无法分辨的复杂的原因造成的。但是,兴趣,虽然主要与自我的活动有关,但它是从活动转移到活动发生的对象上的。也就是说,兴趣既有客观的一面,也有主观的一面。在主观方面,与自我表达相关的某项活动是如此有价值;在客观方面,某个对象是如此的有价值,与自我表达相关。因此,我们说,我对书籍或商业有兴趣,我的日常活动,我的自我表达,都与这些对象有关。它们是我的兴趣所在。

兴趣动态——我们许多较温和的情绪都会在我们体内终止,永远无法获得足够的动力来促使我们采取行动。兴趣并非如此。它的本质是动态的。无论它抓住什么,都会成为某种活动,某种自我表达的对象。如果我们对一本新书感兴趣,我们就会阅读它;如果我们对某项新发明感兴趣,我们就想要见到它、处理它、测试它;如果我们对某些职业感兴趣,我们就会追求它。兴趣是冲动的。它不给它的拥有者休息和安静的机会,而是不断敦促他采取行动。兴趣逐渐变成热情。爱默生说:"没有兴趣就没有什么伟大的成就。"若我们是对机械发明有着浓厚兴趣的爱迪生,这个兴趣会驱使我们日以继夜地工作,几乎没有时间吃饭和睡觉。若我们是对联邦有着不可磨灭兴趣的林肯,这个动机将使我们努力实现我们的目标。我们是否在任何地方,在生活的任何领域,都被强烈的兴趣所支配?这些兴趣发展成对某些事物的热情,我们将会发现我们内心正在形成的伟大目标,我们的生活将是充满活力和成就的。相反,没有兴趣的生活是缺乏动力的。这种生活必然是毫无目的的,因此也没有什么结果,活着的时候默默无闻,逝去后很少被世人怀念。

习惯与兴趣相悖——正如我们所看到的,兴趣对习惯的形成是必要的,然而习惯一旦形成,就与兴趣对立。也就是说,那些习惯性的行为,它们是在没有专注意识的情况下完成的,因此对它们的表现没有兴趣。构成我们日常生活的许多活动都是这样的。只要习惯在某种程度上被改变,只要我们在做事的方式上有所改进,兴趣仍然会依附于这个过程。但我们一旦习惯了一成不变的生活,兴趣就会很快消失,然后我们就像一台只会工作的机器。

2. 直接兴趣和间接兴趣

我们可能有兴趣做一件事，或通过做某件事来寻求兴趣。我们称第一种情况为直接兴趣，称第二种情况为间接兴趣。

最终兴趣与活动中的兴趣——如果我们对自己的工作没有兴趣，或者工作变得非常不愉快，以至于我们讨厌它，那么必须要有一个最终的目标，这个目标就是要完成的任务，而在这个目标中有一个强烈的兴趣，否则整个过程将是真正的苦役。如果结尾足够有趣，它可能也会让整个过程都变得有趣。以下实例说明了这一事实：

父亲对自己 12 岁的孩子说，如果他能在手工培训学校的机床上制造出汽车车身，父亲就会为它购买发动机，然后汽车归男孩。为了获得梦寐以求的奖品，这个男孩必须在开始制作汽车车身之前掌握算术知识和绘图知识。这个男孩之前对算术和绘图总是缺乏兴趣，因此他的算术和绘图学得不好。然而，在新的激励下，他如饥似渴地学习算术与绘图，很快就超过了班上所有的学生，并且能够在一个学期内完成了汽车车身计算和绘图。几个月后，他把汽车造好了，仍然对算术和绘图感兴趣。

作为动机的间接兴趣——间接兴趣，并不附属于过程，而是来自某个遥远的目的，大多数人发现间接兴趣远不如直接兴趣有力。这一点尤其正确，除非结局是强烈的欲望，而不是太遥远。对一个男孩说，他现在必须好好学习，因为十年后他需要成为一个受过教育的人，这并不能让他对今天课程感兴趣。

然而，在生活中，儿童和成年人都必须学会在间接兴趣的刺激下工作。我们所做的大部分工作都是为了一个比工作本身更可取的目标。为了将来的利益，总是有必要牺牲现在的快乐。能够愉快地为一个有点遥远的目标工作，使我们的许多工作免于成为苦差事。如果对过程和结果都没有兴趣，除了强迫之外，就没有办法继续工作了；如果非要继续，这将变成最低等的工作类型。它使人与不断逃避工作的牲畜处于同等地位。

仅有间接兴趣是不够的——兴趣来自于目的，而不是存在于过程中，最终可能会引起对工作本身的兴趣；但如果没有兴趣，最终就会沦为苦力。不想成为自己工作的奴隶，就必须为自己找到值得做的工作。仅仅是为了养活妻子和孩子而工作的人，在他的行业或职业中永远不会成为大师；仅仅为了应付考试而学习的学生，不会发展出学者的特质。对过程是否感兴趣使一个因为热爱工作而工作的人和一个因为必须工作而劳累的人之间产生了差异，这就是大师和苦力之间的差异。苦力只做他工作时必须做的，大师则尽其所能。苦力渴望劳动结束，艺术家渴望劳动开始。苦力研究他如何逃避其劳动，大师研究他如何使自己的劳动变得更好和更高尚。

对劳动来说，当工作中有欢乐的时候是有趣的，在强迫的鞭笞下劳动是有辱人格的。一个人的职业是什么并不重要，重要的是如何去完成工作的。马车夫在拥挤的街道上驾驶他的车队，他比任何人做得都好，而且，也许在他的职业中他是一个真正的能手，并通过他的工作获得很高的地位。一个政治家管理国家的事务的能力无人能及，或者一个学者引领了一代人的思想。人们必须在工作的过程中找到快乐，并最终通过工作的完成来寻求快乐。无论职位有多高，工作有多精细，如果对工作不敢兴趣，工人就会成为劳动的奴隶。

3. 某些兴趣的短暂性

由于我们的兴趣总是与我们的活动联系在一起对，因此许多兴趣都会有它们的诞生、高潮，然后随着对这些活动的完成而消逝。这只意味着在游戏活动寻求表达的时候，对游戏的兴趣就产生了；当本能倾向引导人们注意配偶的选择时，对异性的兴趣就变得强烈；当大脑的发展使我们能够进行逻辑思考时，对抽象研究的兴趣就产生了。我们所有人都可以回忆起曾经一度很强大、现在已经衰弱或完全消失的许多兴趣。捉迷藏、荡秋千、在小鱼塘游泳、涂鸦、照顾宠物、阅读血腥暴力的故事，对这些东西的兴趣属于我们的过去，或者留下了一个微弱的影子。随着其他兴趣的到来，这些兴趣也会随之消失，只要我们不断获得新的经验，其他新的兴趣就会出现。

兴趣出现时必须加以利用——如果我们希望利用和发展兴趣，就必须在兴趣出现时加以利用。有多少人曾经一度对音乐、艺术、文学感兴趣，并促使他们培养对音乐、艺术、文学的品味，并且说他们会在有朝一日从事这些职业，最后发现自己对这些东西不再感兴趣了！我们中有多少人对慈善工作感兴趣，但最终发现，在我们找到时间去做这件事之前，我们的兴趣已经消失了！我们当中又有多少人，虽然还很年轻，已经对很多事情失去了兴趣，而这些兴趣本应像直布罗陀一样稳定。吸引我们的每一个兴趣都会出现这样一个画面，有一个声音叫喊着："就是现在！"如果我们想要达到梦寐以求的目的，我们必须立刻开始行动。

强烈兴趣的价值——我们也不认为这些短暂的兴趣是无用的。它们不仅作为一种种族遗产来到我们这里，而且促使我们进行现在有用的活动，或者为以后的事做准备。除此之外，只要是感兴趣的事都是值得做的。因为只有通过兴趣的冲动，我们才学会付出真正意义上的努力，兴趣为意志提供了基础。没有兴趣的话，最强大的力量可能会在我们身上沉睡而不被唤醒，能够达到最高成就的能力也最终会归为平庸。没有人会知道世界失去了多少格莱斯顿和莱布尼茨，仅仅是因为他们的兴趣从来没有被吸引到这样一种方式来使他们开始走向成功。

兴趣是什么并不重要，重要的是要有强烈的兴趣来促使人们去努力，去考验人们的忍耐力，去养成取得成功的习惯。

4.兴趣选择

我在先前的讨论说过，兴趣在我们的活动中是有选择性的，挑选那些看起来对我们最有价值的活动。同样，我们的兴趣本身也要有选择性。

追求太多兴趣的错误——我们有可能对很多活动产生兴趣，以至于我们没有一个做得好。这使我们的生活充满了匆忙和压力，以至于我们在忙碌中忘记了享受生活。詹姆斯在谈到我们在兴趣之间做出选择的必要性时说：

"在大多数欲望对象中，物质的本性限制了我们只能选择其中一种，在这里也是一样。我经常面临这样一种情况，即必须选择经验主义，而放弃其他。即使可以，我也不可能既英俊又肥胖，穿着得体，成为一个伟大的运动员，一年挣一百万，既机智又活泼，既要当一个杀手，又要做一个哲学家，是一位慈善家、政治家、勇士和探险家，以及"音调诗人"和圣人。但这根本不可能。百万富翁的工作与圣徒的工作背道而驰；喜好吃喝玩乐的人、哲学家和女杀手不可能生活在同一屋檐下。这种不同的性格，可能在人生之初的时候是可能同时存在的，但要实现它们中的任何一个，其余的必须或多或少地被抑制。追寻最真实、最强壮、最深层自我的人必须仔细地挑选其中一个来实现。"

兴趣可能太狭隘——另一方面，与兴趣过于广泛一样，我们的兴趣也可能过于狭隘。一个在日常单调乏味的活动之外没有培养任何兴趣的人，无法从生活中得到足够的乐趣。有可能变得如此专注于谋生，以至于忘记了享受生活。我们可能变得习惯于在有限的工作范围内，一有限的思维方式来适应环境，以至于我们错过了最丰富的生活经历。许多人过着贫瘠的、琐碎的、以自我为中心的生活，因为他们看不到自己兴趣范围之外的意义和美丽！许多人自顾自地处理自己的小麻烦，以至于他们对人类同胞没有感情或同情心！许多人对自己的小成就如此着迷，以至于无法跟上时代的进步！

专业化不应该太早——我们的兴趣过早的专业化是不好的。我们错过了许多等待收获的肥沃的田野，而它们的拾穗会丰富我们的生活。一个只知道埋头苦读，而没有时间进行体育活动或社交活动的学生，和一个只参加体育活动或社交活动而忽视学习的学生一样，都犯了错误。同样地，那些热衷于某领域的研究，以至于以牺牲其他所有领域为代价的年轻人，他们的成长方式是不正确的。青春就是要让兴趣在各个方向发展。如果我们想要成长为一个经验丰富的人，那么现在正是培养多样化和不同领域兴趣的时候。身体必须得到发展，但不能以精神为代价，反之亦然。社交活动不能被忽视，但不能被纵容到其他兴趣受损的程度。应该培养人们对娱乐的兴趣，但这些兴趣不应该违背道德。

专业化是必要的，但是专业化的兴趣应该建立在广泛的兴趣基础之上，以便选择一条最适合的专业路线，并且我们不能因为只专注于专业而失去了生命中最好的东西。

寻求适当的平衡——因此，我们必须在培养我们兴趣的时候找到适当的平衡，使它们既不太广泛也不太狭窄。我们应该刻意去寻找那些足够强大的，能够为我们指引人生之路的兴趣，但在我们有机会了解各种不同的兴趣线之前，不应该这样做。否则，我们在这件重要事情上的决定可能只是一时兴起。

我们还应该决定我们应该培养什么兴趣来促进我们的个人发展和幸福，以及在我们当前的职业之外为我们提供服务。我们应该考虑职业和业余爱好。无论选择何种兴趣，都应提高效率。与其选择许多领域，以致我们充其量只能对每一个领域略知一二，而忽略了对我们来说最重要的事情，不如合理地精心挑选一个能使我们得到很好发展、产生效率的兴趣。我们的兴趣应该引导我们过上瓦格纳所说的“简单生活”，而不是狭隘的生活。

5. 教育中的兴趣本位

一些教育工作者担心，在发现我们职业的乐趣时，我们将失去所有努力和自我指导的力量。意志如果没有被充分地利用，就必然会消失。我们将会把有趣和令人愉快的事情做得足够好，但对于不愉快的事情就会失败。

兴趣不是努力的对立面——意志的最佳发展并不是因为我们被迫去做完全没有兴趣的事情。在强迫下做的工作永远不能做得最好。这是机械地，而且通常是在一种叛逆的精神下完成的，对一个教育者来说，这样的教学方法是不可取的。我们也不能想当然地认为，出于兴趣而做的事情总是在意志的指引下进行的。他们很可能是在某种外部强迫下完成的，毕竟，意志与此关联甚微。如果一个男孩特别害怕老师，那么他在学校上一堂无趣的课程，而不会有来自意志的压力。为了使意志能够通过强制执行某些行为而得到训练，意志必须具有合理的自由领域，并消除外部压力。强迫性的力量必须来自内部，而不是来自外部。

另一方面，我们想在生活中找到一个地方，把所有不愉快的事情都消除掉，进而使我们工作的所有阶段都变得顺利而有趣，这种想法是非常危险的。这种必要的意志时常被唤起，以促使人们在没有兴趣的情况下也要努力工作。在这里，我们绝不能失败，否则我们只能是环境的产物，在生活的大潮流中随波逐流，永远无法逆流而上。兴趣不是要取代艰苦努力的必要性，而是要召起出自我所能做到的最大努力。它的作用要比任何其他方式都能获得的更大。它不是要取代意志，而是要给予意志出发点，使意志的作用更加有效。

兴趣和性格——最后,我们不要忘记,坏兴趣和好兴趣具有相同的推动力,都将导致确定的行为。这些行为很容易形成习惯。值得注意的是,行为的背后隐藏着一种兴趣;行为中蕴藏着一种习惯;行为存在于习惯之前,之后发展成为习惯,接着发展为性格,性格最后成为命运。应该避免和阻止不好的兴趣。但这还不够。好的兴趣必须建立在我们想摆脱的坏兴趣之上,因为只有通过替代而不是压制,我们才能摆脱坏兴趣,坚持好兴趣。

我们的兴趣是一种进化。从孩子的简单兴趣逐渐成长为成年人复杂的兴趣。如果没有机会发展儿时的兴趣,人就会在某种程度上失去成年时的全部兴趣。那么,在教育一个孩子的过程中,至关重要的是要发现他天性中的兴趣,并以此作为出发点,引导他们不断发展和利用这些兴趣。对工作的兴趣源自早期对玩乐的兴趣;对珍藏无价值饰品和旧废料的早期兴趣,有利于形成赚取和保留财产的兴趣;对交朋友和玩伴的兴趣能够形成更大的社交兴趣;对大自然的兴趣会培养成为自然学家的兴趣。因此,我们可以逐一研究那些在我们成年生活中结出最大果实的兴趣,我们发现,它们都源于童年的一些早期兴趣,这些兴趣被鼓励和给予了成长的机会。

6. 兴趣发展的顺序

人类兴趣发展的顺序是我们教育中的一个重要问题。兴趣出现的顺序不是随意的,它不是某次的灵光一现,兴趣遵循着固定不变的规律,即有机体在当时准备好的活动,以及在进一步生长中需要的活动。即使我们有时会对有害事物感兴趣也并没有违背这一规律。基本兴趣一般都是好的,只是需要更健康的环境或更明智的方向。篇幅有限,我们不讨论兴趣的遗传阶段,只简短地陈述我们发展中某些标志时期的基本兴趣。

童年早期的兴趣——童年早期的兴趣主要与满足食欲所表达的机体的需要以及确保对较大肌肉的控制有关。活动是最重要的事情——可以赛车和嬉戏。模仿力是强大的,随着好奇心不断上升,想象力正在建立起一个新的世界。讲话是一种乐趣,语言是容易习得的,而韵律和节奏是第二天性。这一阶段的兴趣是非常直接的。遥远的目标没有吸引力,这件事一定是值得做的才会去做。由于儿童的生活充满了活动,而且行为是养成习惯的源泉,因此在这一时期,家人和老师都应该引导他的兴趣和活动,从而形成永久的价值观。

童年末期的兴趣——从长出第二颗牙到青春期,儿童的兴趣范围变得极为广泛,而且性格也发生了显著的变化。活动仍然是基调,但是孩子不再只关心做这件事,而是能够期待更远的目标。现在一些间接的兴趣吸引了他,事物的形式也吸引了他的注意力。他开始走出自己的小圈子,准备好接触手工艺、阅读、历史和科学。拼写、写作和算术使他对所涉及的活动感兴趣,但更多地是为了达到目的。

对复杂游戏和娱乐的兴趣增加,但孩子还没有准备好进行需要团队合作的游戏。他还没有达到为所有人的兴趣牺牲自己的地步。对道德问题的兴趣已经形成,对与错不再是受不受谴责或惩罚的事情了。在这个阶段,最大的问题是将兴趣引导到使手段适应目的的方式上,并引导到自愿通过工作实现期望的目的上来。

青春期的兴趣——最终,随着青春期的到来,兴趣发展到了成人生活之前的最后阶段。这一时期并不以新兴趣的产生为标志,而是以加深和扩大已有兴趣为标志。不管是在游戏中还是在工作中,兴趣的最终目的都是一个越来越重要的因素。年轻人已经不再仅仅满足于活动本身了。年轻人现在可以玩团队游戏,因为他的社交兴趣正在形成,他可以为了团队的兴趣去服从。对异性的兴趣进入了一个新的阶段,他开始关注社交和着装。一种新的自我意识开始浮现,青年开始自省。关于事物的终极意义的问题亟待解决,有关我是谁、我是什么的问题需要一个答案。

在这个时期,我们从顺从转变为自我控制,从权威伦理过渡到个人主义。现在所有的兴趣都呈现出一种更加明确和稳定的形式,并且正认真地对待生活。这是一个制订目标和努力实践的时期。这是我们生命中的一个关键时期,处处充满了陷阱和危险,选择和机会。在我们人生旅途中的这个战略点上,我们可以选择一个正确的兴趣,以获得幸福的生活和成功的事业上;或者,我们也可能用错误的兴趣,把自己束缚在一个沮丧和失败的破碎生活中。

7.观察与反思的问题

1.列出你最重要的兴趣爱好并以喜爱程度来排序。假设你在五年前将兴趣排序了,它和现在列的兴趣有什么不同?你有没有直接或间接地被要求做一些你几乎没有兴趣的事?你能说出你曾经有浓厚兴趣,但现在没有兴趣仅仅出于习惯去做的事吗?

2.你对什么不感兴趣?另一方面,你是否缺乏你认为应该拥有的某些兴趣?你现在特别想培养什么兴趣,或是压制什么兴趣?你是否有广泛的兴趣?如果你有多种兴趣,那么你是否忽视了某些更重要兴趣的发展?

3.观察几个有关兴趣差异的例子,并解释这些差异。你曾经观察过这两种现象吗?一种是教师满怀激情而教授的班级毫无兴趣;另一情况正相反,教师沉闷、无精打采,而学生却兴趣盎然?

4.如果儿子期末成绩单上各科成绩都高于九十,父亲会给他一美元。什么类型的兴趣与这种研究相关？你认为把奖励与学校表现联系起来是正确的吗？

5. 小学的大多数孩子对语法不感兴趣，为什么会这样呢？主要由日期、国王或总统的名单组成的历史知识不能让学生产生兴趣，补救措施是什么？你认为任何文学、历史、地理或科学方面的教学如果未能培养出学生对该学科的兴趣，可以视为成功吗？

6. 仔细观察三年级和八年级男生和女生对典型游戏的兴趣差异，并进行陈述。

第十七章　意　　志

在生命的所有范畴内，从最低级到最高级，最基本的事实就是活动。每个个体，无论是动物还是人，都在不断地面对需要回应的情况。在较低的生命形式中，这种反应是非常简单的，而在更高的生命形式，尤其是在人类中，这种反应是非常复杂的。鸟看到一个有利于筑巢的角落，立刻就把它占为己有；一个人看到一幢符合其喜好的房子，会花费数月时间做计划、工作和攒钱，以确保攒足够的金钱买房。显然，可能响应的数量越多，它们的多样性和复杂性就越大，就越难选择和对给定情况做出正确响应。因此，人类需要一些特殊的力量来控制自己的行为——需要意志。

1. 意志的本质

对意志的真实性质人们进行过很多讨论，也存在很多争议。当我们在自愿的行为中时，我们的意志是什么，我们的精神流的内容是什么？在这样的时刻是否有一种新的、明显不同的内容在我们的知识或情感过程中，如感知、记忆、判断、兴趣、欲望？或者，当我们从事意志行为时是否发现意识流仅仅包含熟悉的旧元素，即注意、感知、判断、欲望、目的等，所有这些都是为了完成或阻止某种行为而组织或设定的吗？

意志的内容——我们在这里不应试图解决上述问题所提出的争议，也不应为了立即使用而解决争议。然而，也许可以肯定地说，只要我们愿意，精神内容就包括认知和感觉的要素，再加上每个人都熟悉的独特的努力感。不管这种努力感是新的、不同的因素，还是只是古老而熟悉的复杂心理过程，我们现在都无须做出决定。

意志的功能——关于意志的功能不能有任何模糊或怀疑。意志完全与行为、反应有关。意志总是与引起或抑制某些行动有关，无论是生理上的还是心理上的。例如我们需要去看牙医的时候，需要向朋友承认错误的时候，做一项困难或无趣的任务，或者做一些我们不愿意做的事情对时候，我们必须需要意志。

例如，当牙医钻牙时，我们必须控制住自己的舌头，不讲话、不喊叫，而是去思考一些不值得考虑的问题。这也同样需要我们的意志。我们可以得出这样的结论:只要身体或精神活动必须努力控制,意志就是必需的。有些学者把意志的工作称为强制行动的积极作用,抑制行动的消极作用。

意志如何强制——意志是如何发挥它的强制作用的呢? 这不是像警察抓住我们的衣领,说做这或不做那的问题。意志控制力的秘密在于注意力。我们抱着一种必须完成它的态度来遵循行动路线,以完成任务。我们也终于做了一直在想的事情。

另一方面,我们坚决要把思想从一些有吸引力但不合适的行动路线上移开,把我们的思想引向相反的方向,或者引向完全不同的主题,我们有效地阻止了错误的反应。因此,控制我们的行为就是控制我们的思想,意志的力量可以通过我们引导注意力的能力来衡量。

2. 对我们行为的自愿控制程度

我们的行为或反应中有一小部分是由意志控制的。大自然提供了一种比我们所有的行为都有意识地执行或检查的更简单和容易的方法。

行为或反应类别——与其他现象一样,运动或行为,并不是偶然发生的。它们的发生离不开背后的原因。不管它是在有意识的情况下还是在没有意识情况下的表现,在表面现象的背后必定隐藏一些东西来对其进行解释。在过去的一个小时里,我们每个人都做了许多简单的,或复杂的动作。这些行为在性质上有很大差异。许多是我们完全无意识的动作。其他有意识执行的动作,我们也没有投入太多努力。还有一些是经过一番斗争我们决定应该采取哪种行动后,再通过努力来完成的。我们有些行为是反射性的,有些是出于本能,有些是受意志驱动的。

简单的反射行为——首先,在每个活着的有机体内都有无数的运动,他在很大程度上是无意识的,他什么也不做,而且他基本上无力阻止这些运动。其中有些行为完全是意志不可及的。这就是心脏和血管系统的运动,肺在呼吸中的运动,消化道的运动,各种腺体在分泌过程中的运动。整个有机体是一团活的物质,因为它是活的,没有任何一部分是静止的。

这种类型运动不需要外部刺激,也不需要方向,它们是反射性的。它们自我维护,只要身体健康,它们就继续运作,不论我们睡着了还是醒着,即使我们处于催眠或麻醉昏迷状态,都是如此。我们不用关心反射类型的运动,因为它们几乎完全是生理上的运动,并且根本不在意识的范围内。

本能行为——接下来,还有很多这样的行为,诸如我们在受到威胁时闭眼睛,在遇到危险时后退,在痛苦或恐慌时叫喊,在生气时皱眉或打人。这些可被粗略地归类为本能,并且已经在前面章节中讨论过了。它们与前一类的不同之处在于,需要一些刺激来启动行动。我们意识到了它们的表现,尽管它们的表现没有有意识的目的。眨眼是一个重要的目的,但这并不是我们眨眼的原因;在遇到危险时撤退是明智之举,但在行动之前我们不会停下来考虑这一点。

因此这些是伴随着许多反射和本能的行为。它们在受到适当的刺激后立即被执行,因为我们拥有一个有机体,该有机体能够对特定刺激做出特定的反应。没有必要,实际上也没有地方在刺激和行动之间采取任何行动。刺激会触发已经准备好的神经系统,然后动作就会立刻发生。这些反射和本能类型的行为不在意志的范围内,因此我们进一步讨论它们。

自动或自发行为——从这些反射和本能行为中产生的是一个广泛的行为领域,可以被称为自动的或者自发的行为。这种行为的显著特点是,基本上都是在没有意识目的或意图的情况下进行的,但同时都是有目的的行为,是在努力中进行的。也就是说,它们是自愿的行为。诸如写字或用手指拨弄钢琴键盘的行为,曾经是有意识的,是从许多随机或反射动作中选择的意志行为。

然而,经验和习惯的影响是如此之大,以至于很快只要有铅笔和纸,或者看到键盘,就足以让人涂鸦或演奏。也就是说,某些物体和情景会强烈地暗示某些具有特征的行为或响应,以至于行为紧跟在物体的知觉或行为理念之后。詹姆斯称这种行为为“意识马达”。我们每个人都曾有过这样的经历:当一扇门被猛地关上时,我们立马跳起来,避开砰的一声响;当我们想起了一个被忘记的约会时,我们立刻站了起来;一盘坚果摆在我们面前,我们会不自觉地吃一口。

从自愿到自动的循环——很显然,尽管在我们的经验中,这类行为曾经是自愿的,但现在却不需要为它们的表现付出努力或给予明确的意图。关于这一点的规律可以表述如下:所有的意志行为在重复时,由于习惯的作用,都趋向于成为自动的行为,从而使意志从指导它们的必要性中解脱出来。

为了说明这一规律,请尝试以下实验:如图 17 - 1 所示,在纸板画上一颗星星,使每条线段 2 厘米长。坐在桌子旁,桌子上放着星星,星星后面放一面镜子,可以在镜子里看到星星。让人在星星上方拿着一个屏风使你不能直接看到星星,但你可以在镜子里看到它。现在,把手放到屏风下,用铅笔从左到右在星星周围描边,直到你在镜子中看到画好的星星。记录下你画了多长时间,还要注意铅笔运动的不规则轨迹。重复上述实验五次,注意所需时间和精力的减少,以及随着动作趋向于自动化使效率提高。

意志行为——虽然很明显,已经描述的各种行为在我们所有行为中占很大比例,但它们并不包括所有行为。因为有些行为既不是反射性的,也不是本能的或者自动的,而是必须在强迫和努力的压力下进行的。我们经常遇到这样的情况:行动或约束的必要性与我们的意愿背道而驰。我们每天都面临着必须要做出决定的事情,这就使得我们的头脑被朝着这个方向或那个方向的努力所驱使。

冲突的动机或意愿使得强迫变得非常必要。经常有必要让我们的行为与我们的欲望或习惯背道而驰,或者与诱惑发生冲突。

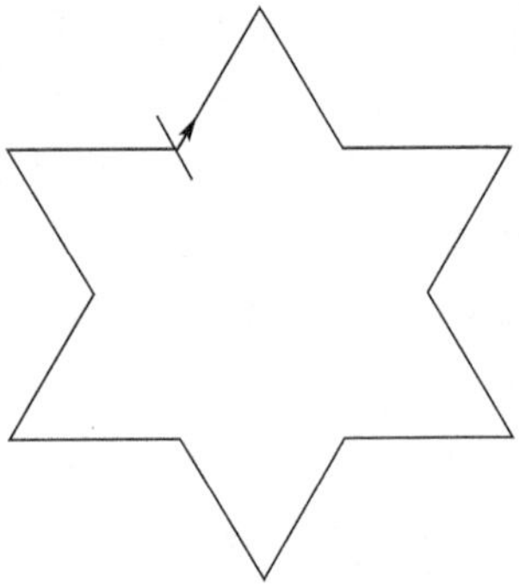

图 17 -1　画镜上的星星

注:镜子打破了先前提出的自动控制,并且需要像启蒙孩子那样启动它。相关说明请参见文本。

决策过程中的意志行为——每个人都知道内心不安的状态,我们称之为优柔寡断。一个想法进入大脑,它会促使一种行为发生;一个相反的想法出现了,行为被制止了;另一种想法支持该行为,而又有另一个想法与之相反。我们称之为支持和反对所提议的行为的动机或理由。当我们在权衡这些动机时,我们就是在深思熟虑。如果我们继续考虑一个问题,这个审议过程就必须继续下去,直到一个想法战胜了另一个,并引起注意。当这种情况发生时,我们已经做好了决定,审议过程结束。我们行使了意志的最高功能并做出了选择。

有时,动机之争是短暂的,只要有时间来总结双方问题的所有理由,就会做出决定。但有些时候,冲突可能会持续几天或几周,没有哪种动机强大到足以击败对方并做出决定。当动机达到某种程度的平衡时,我们就不能做出决定,因为当决定采取一种行动时,另外一种行动就不能执行,我们就会犹豫是否会失去任何一个机会。优柔寡断的状态通常是非常令人不愉快的,毫无疑问,在我们的生活中,不止一个决定是匆忙做出的,那就是我们可能会因为考虑到两种相反的、坚持的动机而感到不愉快。

在做出任何决定时,最重要的是我们应该公平地考虑问题双方的所有理由,让每一个理由都有其合理的分量。这并不像看上去那么容易,因为,正如我们在情感研究中所看到的,我们对占据大脑的任何物体的感觉态度,在很大程度上是由我们所赋予它的主观价值决定的。人们很容易对某一行动抱有偏见,以至其动机无法得到公正的考虑。为了消除这种个人因素的影响,我们在面对一个问题的证据时可以根据其优点加以考虑,这是一种罕见的成就。

决策类型——可以通过多种方式做出决定,其中最重要的一种可以在詹姆斯教授提出的总体规划中简要描述：

合理的类型——最简单的一种决定是，在这种决定中，动机的优势一方明显地高于另一方，唯一合理的做法是根据证据的权重来做出决定。这种类型的决定被称为合理的决定。如果我们发现有十个理由让我们应该采取某种行动，而只有一两个同等重要的理由让我们不应该采取某种行动，那么这个决定就不难做出。在这种情况下，需要注意的是：(1)我们确实发现了双方的所有重要原因；(2)我们个人的爱好或偏见没有影响我们的决定。

偶然类型：外部动机——值得怀疑的是，我们的许多决定是否像我们想的那样是在意志的直接压力下做出的。我们可能会在两组动机之间犹豫不决，无法在两者之间做出决定，这时第三个因素出现了，它根本与问题无关，但最终还是决定了我们的决定。例如，我们正在考虑是要去郊游，还是要呆在家里完成一项工作的问题。娱乐活动的好处和旅行的乐趣，与必须支付的费用和按时完成工作的愿望相矛盾。此时，虽然我们还不能做出决定，但一个朋友来了，我们试图通过求助于朋友来避免自己做出决定："你告诉我该怎么做？"我们中有多少人没说过"如果你愿意，我会做这个或那个"之类的话？有多少人从来没有利用过雨天作为借口而不去教堂或不去参加一个不愿意去的婚礼？又有多少人不会让重要的问题被一些无关紧要的或者偶然的因素决定呢？

这种形式的决定是偶然决定。它并不取决于与事件密切相关的动机，而是取决于外部环境的意外。习惯于以这种方式做出决定的人缺乏意志力。有的人收集了所有证据之后，才会做出决定，然后将注意力集中在最佳的行动路线上，从而确保行动的顺利进行。而有的人随波逐流，逃避责任。

偶然类型：主观动机——当我们在两条看似同样可取的行动路线之间犹豫不决时，可能会出现第二种类型的偶然决定，而且没有优势动机进入该领域，没有外部因素出现，也没有可提供建议的朋友来救援。但是由于我们必须做出决定，我们厌倦了忧虑和深思熟虑，于是对自己说："这件事必须尽快以这种方式或那种方式解决，我对整件事情感到厌倦了。"当我们达到这个程度时，我们可能对事件中的证据视而不见，而很大程度上是根据一时的兴致或心情来做出决定的。我们很可能会在下一刻后悔我们的决定，没有比我们做这个决定更后悔的了。

很明显，这样的决定并不是基于正当的动机，而是基于主观条件的偶然性。这类习惯性决定是精神上懒惰或无能的表现，它使得个人无法整理与事件相关的事实。他不能把它们放在脑海中进行权衡，直到一方胜过另一方并做出决定。对这种无法做决定的办法是，不要让自己为了逃避优柔寡断状态所带来的不愉快而被迫做出决定，应寻找进一步的证据，以便更容易做出决定。

另一方面，当所有证据都摆在我们面前时，我们可能会形成优柔寡断、犹豫不绝的习惯。这就使得我们成为一个精神上的懒汉，会在出门时是否要带伞，今天是穿黑鞋还是棕色鞋,今天下午是打电话或还是呆在家里写信,等等问题上痛苦地犹豫几分钟。这样的人经常会为一些无关紧要的事情而烦恼,在琐碎的事情上花费大量的时间和精力,以至于他无法处理一些大事。如果我们确信我们已经掌握了摆在我们面前的某一事件的全部事实,并且在我们的判断所允许的范围内对每一事实都给予了应有的重视,那么就没必要犹豫。除非发现与该事件有关的新证据,否则一旦做出决定,就没有机会改变。

努力之下做出的决定——当努力是决定因素的时候,这种决定最高类型的决定。外部环境的压力和内心的冲动不会战胜我的冷静和决心。两条可能的行动路线摆在我们面前。我们存在的每一个电流都指向同一个方向;此外,兴趣、朋友、荣誉都在同一个方向招手。从另一个方面来看,我们的本性让步了,责任让我们选择了这一条路,除了良心之外没有任何回报。这是人类经验中的关键点,是对个人的最高考验,是人类独立和权力的最后衡量标准。如果能够做到这一点,人类已经行使了他的最高特权——自主选择;如果失败了,他又恢复到一个较低级的形态,成为一种环境的产物,不再是自己命运的主人,而是随波逐流。我们必须在这场战斗中获胜。我们可能会输掉比赛或游戏,但我们并不是失败,因为我们已经尽了最大努力。如果我们在动机的冲突中失败了,我们就埋下了一粒软弱的种子,我们终将以失败告终。

冉·阿让(雨果的名著《悲惨世界》的男主角——译者注),一个苦役近二十年的囚犯,出狱后过着清白的生活。他赢得朋友们的尊敬和钦佩;他被选为市长,获得了很多荣誉。在他活得春风得意的时候,有一天,他得知一个人被当作逃犯冉·阿让而在另一个城镇被捕,并即将被送进监狱。现在是冉·阿让人生中面临的最大考验。他是要继续做受人尊敬的公民,让一个无辜的人代替他受苦,还是应该承认自己就是被长期追捕的逃犯,并且再次让项圈取代勋章钉在自己的脖子上呢?他在矛盾中度过了一个可怕的夜晚,在这一夜里,相互斗争的动机成为他灵魂的战场,但早上他赢了。他保住了自己的男子汉气概。他的良知还在,他去投案自首。如果他不这样做,他还能是一位受人尊敬的人吗?

3.强弱意志

许多人会承认他们的记忆力、想象力或感知能力不是很好,但很少有人愿意承认自己意志薄弱。无论在何处意志力都被认为是价值和品格的标志。那么,我们如何判断我们的意志是强还是弱呢?

不是一个意志,而是一些意志——首先,我们需要知道,正如我们不止有一个记忆,而是拥有一个记忆系统一样,我们不仅仅只有一个意志,而是有许多不同的意志。我的意思是,在我们充分测量意志的力量之前,必须在经验的每一个接触点召唤和测试意志。到目前为止,我们的意志可能已经为我们提供了相当好的服务,但由于我们的经验和诱惑是有限的,我们可能还没有经历过大量的艰难考验。

当然,我们也不能不考虑意志的消极和积极作用。许多人认为意志作用主要是消极的,它是一种阻止或阻碍我们做某些事情的障碍。不能否认,这的确是一个不容忽视的重要功能。但意志的积极作用是最主要的。有很多人都能抵抗邪恶,但却几乎没做什么好事。他们足够好,但还不够优秀。由于他们缺乏努力与自我约束的力量,因此无法使自己达到高标准,也无法使自己摆脱自卑和平庸。几乎可以肯定的是,对于大多数阅读这些文字的人来说,对他们意志力的最大考验将是积极的而不是消极的方向。

意志力虚假度量的客观测试——在做决定时所使用的意志力不能用客观结果来衡量。事实上,当我蹒跚着,最终进入快乐的小路时,你遵循的是责任的道路,这并不是你已经展现出更大意志力的确凿证据。首先,引我误入歧途的诱惑可能对你毫无吸引力。此外,当两条路在你面前出现的时候,你可能已经形成了追求责任之路的习惯,你训练有素的脚会毫不费力地把你引向狭窄的道路。当然,你们比我在更安全的地方,我们都应该寻求得到这个地方。但是,尽管我本该站着的时候摔倒了,但我可能在战斗中表现出了抵抗的力量,而你在同样的诱惑下是不会有这种力量的。唯一可以安全判断冲突动机的点是参与斗争的灵魂。

4.意志类型

可以发现几个相当明显的意志类型。当然,可以理解的是,这些类型都是互不相关的,极端类型是例外。

冲动型——冲动型的意志伴随着一触即发型的神经有机组织。大脑处于一个高度不稳定的平衡状态,一个相对微弱的电流就会触发运动中枢。在有时间进行抵消电流干预之前,就会采取行动。用心理学术语表述为,我们的行动是按照一种观念进行的,而这种观念是在对立的观念有机会进入我们的头脑之前出现的。因此,这一行动完全是又意念驱动的,但几乎不是蓄意的。正是这种意志导致了草率的言语或鲁莽的行为,并在过后后悔,这就迫使他们经常说:"我没有想过,否则我就不会这么做了!"毫无疑问,冲动的人会把许多好话和高尚的行为归功于自己。此外,他通常带着一种自发性和全心投入的态度,这大大弥补了他的缺点。然而,事实上,他对自己行为的掌控能力太小,在很大程度上受外部环境或内心反复无常的影响。他缺乏平衡。

不能把冲动行为与快速决策和果断行动混为一谈。世界上许多最伟大的领导人都以决策迅速和执行决策迅速而著称。然而,必须记住,这些人是在他们熟知的领域里做出决定的。他们是这方面的专家。赞成和反对某些行动的动机常常被反复考虑,所有可能发生的意外事件都已被多次讨论,并对不同的决定进行了评估。长期以来,各种概念都与某些明确的行动路线联系在一起。在这种情况下,可以迅速地进行审议,每一个动机在其出现的瞬间都会被核查其价值,而当注意力集中在正确的动机上时,就可以立即采取行动。这不是冲动,而是深思熟虑。这些事实告诉我们,我们应该仔细考虑需要我们迅速做出决定的事项。

当然,对过度冲动型的补救办法是培养深思熟虑的行为。当冲动来临而不加考虑地采取行动时,停下来给问题的另一方一个被倾听的机会。对建议采取行动的想法进行检查,看看是否有相反的想法需要考虑。养成在做出决定前等待所有证据的习惯,即三思而后行。

受阻的意志——与冲动型意志相反的是受阻的或犹豫的意志。这种类型中有太多的抑制或者没有足够的冲动,或者没有足够的活力作为动机来克服阻碍精神行动的惯性的重负。这个人很清楚他应该做什么,但是他不能执行。他“无法得到意志的同意”。这可能是个学生,他的思想被即将到来的背诵或考试失败的想法折磨,但他还不能强迫自己努力地迎接考验。这也许是一个放荡的人,在清醒的时候悔恨,认为自己应该成为更好的人,但当他从沉思中醒来后,又以同样的方式继续生活。这也可能是个在接受惩罚的孩子,只要他承诺自己改过自新就可以免于惩罚,但他不能让自己说出该说的话。这种情况不仅仅是可能,而且会真实地发生在那些有理想的人身上,他的理想是高尚的、有价值的,但却无法实现。任何人都在遵循内心的行动方针。

没有人能质疑生活中的悲剧、失败和灾难,这些不是因为没有将正确的理想与行动联系在一起,而是因为没有领悟真理。人的行为于他们的行为标准相差甚远。

这种受阻的意志的治疗方法比应用要容易很多。你只要拒绝去关注那些阻碍行动的想法,培养和鼓励那些导致正确行动的想法。它试图激发我们的良好冲动,并使之只要有机会就有效地采取行动。沉溺于那些阻碍行动的思想上终将一事无成,对它们的沉思只会鼓励它们。我们所需要的是完全摆脱我们遇到障碍的思路,从不同的角度来处理问题。一个生闷气的孩子,与其说需要教训他养成的坏习惯,不如说需要把他的思想引导到与给他带来麻烦的委屈无关的地方去。这个顽固的孩子不需要让他的意志“破碎”,而是要让它坚强起来。他可能被迫做他不想做的事,但是,如果这是通过武力而不是通过引导与其行为表现相关的思想来实现的,那么意志是否在某种程度上得到了加强就值得怀疑了。事实上,这可能更取决于意志已经被削弱:因为失去了自我控制的机会,而自我控制是意志发展的唯一途径。反抗的最终补救办法往往在于在适当的时候获得更大的自由。这并不意味着孩子不应该迅速而明确地服从合法的权威，而是说应该尽可能少的外部权威介入，以免剥夺孩子进行自我强迫的机会。

正常的意志——这两种异常意志类型之间的黄金平均值可以称为正常意志或平衡意志。在这里，冲动和抑制之间有一个适当的比率。思想一旦进入我们的头脑不会立即行动，而会给我们时间去调查动机；同样，行动也不会“因思想的苍白而病入膏肓”，以至不能采取行动。所有的证据都得到了考虑，每一个动机都得到了充分的权衡。一旦这样做了，决定就随之而来。不允许有任何拖延和妨碍。稍纵即逝的冲动不足以说服你采取行动，也不足以让你做出决定后行动被过度拖延。

5. 意志力训练

意志将被训练，因为我们通过行使它的正常功能来训练心智的其他力量。意志的功能是指导或控制生活中的实际事务。许多人在谈及训练意志时，就好像我们可以把意志从我们日常生活中的兴趣和目的区分开来，在某种程度上，仅仅为了增加意志的普遍力量，就让意志前进了一步。这种观点是完全错误的。正如我们所见，没有什么是意志的普遍力量。在特定的行为和紧急情况下，意志总是必需的，而且正是在这种情况下，如果要培养意志，就必须锻炼意志。

在共同责任内锻炼意志——培养意志所需要的是对我们需要做的任何事情都有浓厚的兴趣，以及达到我们能力极限的高目标。没有这一点，任何人为的锻炼，无论设计得多么仔细，或执行得多么严格，都不能使我们适应现实生活的考验；有了它，人工训练是多余的。我们的工作是什么并不重要，重要的是如何去完成。人类有丰富的机会去表达意志的最高形式，即引导我们采取正确的行动，并在实现某些主要目标时使我们尽力而为。

没有一种固定的形式可以单独用来训练意志。学生不顾贫穷和艰苦，努力地朝着自己的目标前进；教师虽然不受赏识，报酬微薄，却尽心尽力地履行每一项职责；面对诱惑坚定不移的人；先天或后天身患残疾仍勇敢地向生命抗争的人；无数名不见经传、身处艰苦，但却勇敢而坚定地承受着炎热和辛劳的人，他们正在形成一种道德品质和意志力，这种道德品质和意志力将会支撑他们在压力的日子里屹立不倒。在生活的激烈冲突中，这样的训练要比任何仅仅为了训练意志力而进行的健美操或自以为是的自我否定要好上千倍！

学校教育和意志训练——学校的教育为意志力的训练提供了与锻炼记忆力或推理能力一样好的机会。学校教育存在抑制意志力的方面：总是需要自我约束和控制，以便不侵犯他人的权利；在课堂和考试中，总是会遇到不公平或不诚实；学校的社会关系需要个人去处理和独立发展。

从锻炼意志力的一面来看,在学校里使用意志力的机会总是唾手可得。每节课学生都有机会衡量自己的力量和决心以对抗任务的阻力。要建立高标准,保持理想,养成安全的习惯。

在这方面,教师面临的最大问题是如何组织、控制和指导学生,使学生有尽可能多的机会在所有学校关系中使用自己的意志力。

6. 意志自由或意志控制范围

由以上讨论可知,意志是一种控制我们思想并通过我们的思想控制我们行为的方式。因此,意志可以被看作精神生活的顶点,是我们内在的最高形式的指导力量。它从最简单的运动开始,一直持续到支配着我们的生活,去追求某种遥远的理想。

意志的局限性——就像一个自由的、有道德的人能走多远一样,意志在其控制范围内能走多远,一直是哲学家们争论不休的问题。但有些事实是清楚的。如果意志能完全控制我们的所有行为,由此可以说意志决定了我们的性格,性格决定着命运。然而,毫无疑问,指引我们实现理想的意志有两个局限性:首先,每个人在出生时都带有大量的遗传倾向,这些倾向极大地影响了他的兴趣和抱负。这些都是意志力工作的重要因素。其次,我们都处在一个巨大的物质和社会环境之中,这在很大程度上超出了我们的改进能力,而且这些环境一直在对我们产生影响,并根据它们的类型塑造我们。

自由状况的局限性——然而,意志的局限性并不能使我们气馁。正是因为这些限制使我们希望有更大的自由。人类的遗传经历了与自然力量、与人类、与自己的冲突,深深地灌输了独立和自制的精神。它培养人们深思熟虑、去选择、去实现。他的意志力得到了发展。同样地,人的生活和工作环境也为其提供了生活和工作要解决的问题,而通过解决这些问题,意志得到了真正的发展。

正是通过这两个因素的作用和相互作用,人类才能掌握自己的命运。他是什么,再加上他可能做什么,引导他成为什么样的人。在某种程度上,每个人都拥有神圣的气质、至高无上的个性、独立主动的力量。这就是他所需要的一切,让他自由地在他的生活中尽自己最大的努力去做任何想做的事。只要他愿意这样做,就会获得越来越多的自由,并且能够发出每一颗真挚心灵的呼喊:

我的心哪,求你建造更宏伟的大厦。
随着季节的流逝!
离开你低矮拱形的过去!
让每一座新的神庙,比上一座更高贵,
用更大的穹顶把你关在天上,

直到你终于自由了，
把你的壳留在生命波涛汹涌的大海中！

7. 观察与反思的问题

1. 根据你自己的经验，举例说明上述讨论中提到的行为类型。在刚过去的一小时中，你有哪些冲动的行为？如果你停下来深思熟虑，情况会更好吗？

2. 在做决定时，你是否容易受到偏见或个人喜好的影响？最近的哪些决定因此受到了影响？你可以把能够回忆起来的各种各样的决定归类到本文中提到的四种类型吗？哪一个类型最多？你有随波逐流的倾向吗？你是否能够独立地决定并执行某项行动？建议的价值是什么？在一个人做出决定之前，应该多提些建议，而不是帮他搜集所有的证据，这种说法对吗？

3. 你能判断出自己属于哪种意志类型吗？你冲动吗，固执吗？固执与坚定有什么区别？让你的导师或朋友帮助你划分你自己的意志类型。你是否优柔寡断？也就是说，即使在你知道了事情的全部事实之后，你是否还是犹豫不决？你优柔寡断的原因是什么，有补救办法吗？

4. 你有坚强的意志力吗？你能控制你的注意力吗？你容易受诱惑吗？你能坚持不懈地努力吗？你能持之以恒吗？你是否曾经因为没有付出必要的牺牲或努力不够而未能实现你的理想？

5. 想想你所知道的学校的课堂作业和考试。管理和控制制度是否能培养学生的意志力？

6. 什么样的动机可以用来鼓励学生使用意志力来保持其学习和行为的高水平？在自我控制中表现出的必胜决心是对的吗？

第十八章　自我表达与发展

我们已经看到，心灵和身体是联系在一起的，每一个都是不可或缺的活跃成员。我们知道，身体从它与心灵的关系中获得尊严和价值，而心灵依赖身体来获取其思想的原始材料，以及依赖身体来完成执行其任务。我们认为，这些事实的一个推论是，心灵和身体的效率都是由每个人在相互活动中履行其职责的方式所决定的。让我们来进一步了解这种相互关系。

1. 印象与表达的相互关系

“任何印象都需要相应的表达”，这已经成为生理学和心理学的格言。内心生活意味着在外在活动中的自我表达。每小时从我们的环境中涌入的印象流必须有各自的表达方式，才能有所发展。我们不应该是被动的接受者，而必须是教育过程中的积极参与者。我们不仅要知了解和感觉，而且要去做。

印象的众多来源——图 18 – 1 显示印象的本质及其是如何导致最终表达的。我们的物质环境在我们生活的每一刻都在给我们留下深刻的印象，而且，我们所处理的物质对象已经被社会价值观所浸透，每一个对象对我们来说都有双重意义，而一个物体意味着什么比它是什么更重要。从我们日常交往的人们的生活中；从那些与我们生活没有交集，只是从新闻、历史和文学作品中了解的人的生活中，从那些有数百万人生活的社会机构中，我们不断地感受到一股洪流般的印象，其影响是无法衡量的。在美学印象中，大自然、艺术和人类行为中的美不断地吸引着我们。

所有的印象都会导致表达——这些印象中的每一组都可以被细分和扩展为一定的数量和种类，不同的群体相遇和重叠。但每一组都保留着合理的不同特征。它们的共同特征，如图 18 – 1 所示，都指向表达。我们通过视觉所获得的光、颜色、形式和距离的多样性，不仅是因为我们可能知道这些自然现象，而且因为我们了解这些现象，所以我们可以利用这些知识对我们的环境做出适当的应对。通过我们的社会印象来了解人类的同情和爱的能力，我们不仅可以感受到这些情绪，而且可以体验它们，并对其做出反应。

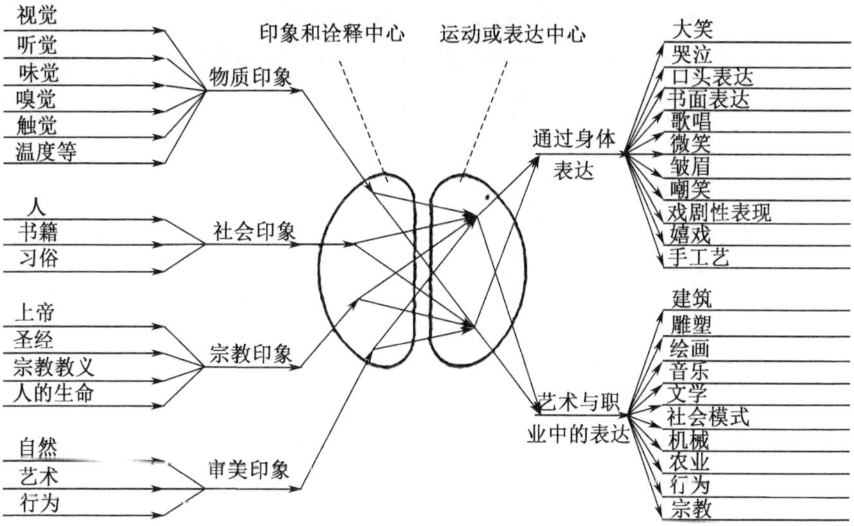

图 18－1　印象的本质及其表达

在任何简单的方案中，都不可能将所有可能的表达式形式进行逻辑分类。然而，图 18－1 将有助于引起人们注意一些主要的身体表达方式，以及在艺术和职业中身体表达的结果。在这里，细分和扩展的过程可以无限制地执行。笑可以用来表述许多不同的故事，哭泣可能表示痛苦的悲伤或无法控制的喜悦，演讲可以用一千种语言进行，戏剧可以用来描绘人类的全部情感，玩耍和游戏在人类情感的范围内足以满足所有年龄和每个人的需求。手工艺涉及的范围如此之广，以至于文明的物质进步可以归为它们的范畴，没有它们的发展，艺术和职业是不可能发展起来的。建筑、雕塑、绘画、音乐和文学在技巧和内容的表现上有上千种可能性。同样，社会和行为举止的表现形式也是无限的。

表达的局限性——虽然给予比获得更幸福，但做起来有点困难，毕竟自我更多地参与到表达中而不是印象中。表达需要作为一种艺术来培养；谁能表达他所有的想法、感觉或感知？谁能在语言、音乐或绘画方面表达自己内心的真正所想呢？当画家的作品受到赞扬时他答道："如果你能看到我想要画的那幅画该多好啊！""学生说："我知道，但我说不出。"朋友说："我希望我能告诉你我有多么难过。"演员抱怨说："如果我能描绘出我所感受到的激情，我就能让整个世界都站起来！"身体的结构比心灵更粗犷，所以在表达心灵的状态时，身体一定会有点落后。然而，两者之间是如此的和谐，以致身体经过良好的训练，能够对心灵的需要做出反应；相对的，心灵在通过物质来表达的过程中，很少不能被表达出。

2. 表达在发展中的地位

我们认为,单方面地培养表达能力并不会产生更好的表达力,缺乏培养也不会降低其表达力。

表达的智力价值——表达上有显著的智力价值。当一个想法被表达时,它总是呈现出新的清晰和更广泛的关系。米开朗琪罗(波纳罗蒂·米开朗琪罗,1475—1564,意大利文艺复兴时期伟大的画家、雕塑家、建筑师和诗人,文艺复兴时期雕塑艺术最高峰的代表——译者注)在设计大教堂时,对教堂的结构有了最初的构思,随着计划的不断发展,它的结构变得越来越完美。雕塑家开始按照自己心目中的形象来塑造雕像,他发现随着粘土的塑造和成形,形象越来越具有表现力和美感。作者发现随着写作的发展,他的书的范围和价值也在不断扩大。学生一开始怀疑几何学中的结构,之后发现随着他对真理的探索,真理变得越来越清晰。孩子发现在对历史或文学中故事的意义有着模糊和朦胧的概念时,用自己的语言、手工艺品或戏剧形式来表达时,意义就变得清晰了。

所以我们可以把这个结果应用到任何思想领域,其规则是一样有效的:真理最终被我们吸收为有用的知识,不在于对它的理解,而在于对它的表达。这意味着,在所有通过运动表达来训练身体的过程中,智力一定是滞后于行动的;智力一定会指导我们手的动作;它的目的不是单纯地训练熟练的手指,而是要培养清晰而聪明的思维。

表达的道德价值——表达也具有明显的道德价值。在这个世界上,善良的人比有道德品质的人多得多。这句粗犷的谚语告诉我们,"通往地狱的道路是由善意铺就的"。形成好的决心是多么的容易!我们当中谁未曾经过一番道德上的斗争后说:"我将打破这个习惯的束缚,我将进入那英勇的行动路线!"然后,暂时满足于做出了这个决定,但却继续沿着旧的道路前进,直到后来我们惊讶地发现,我们从未做到过这个决定。

道德价值不是存在于下决心的那一刻,而存在于决心付诸行动之时。在对与错的问题上表明自己的立场,比表明自己对正义的忠诚更有意义——它使一个人清楚自己的道德观念,并使他对自己有了控制。最后,表达是对我们道德的唯一真正考验。没有道德表达,我们可能是一个好人,但我们永远不能成为有杰出贡献的人。

表达的社会价值——教育的标准曾经是,看一个人知道多少?这个世界并没有期望受过教育的人就会做任何事。但是这个标准现在已经过时了。社会并不关心我们知道多少,而是在乎我们能做多少。人们不再仅仅崇拜知识,而是主张受过教育的人应该鼎力相助,在需要帮助之处伸出援助之手。教育不再是使人与众不同，而是使他们在世间的工作中成为更有效率的同志和帮手。不是那些懂化学和植物学的人，而是那些能够利用这些知识使以前只能生长一片草叶的地方长出两片草叶的人，才是有用之人。简而言之，这个世界既然提供给你机会同时也要求你做出相应的回报。它期望从教育中获得社会表达。

这也完美体现在个人身上，因为只有通过服务社会，我们才能在我们的环境中充分实现我们的社会价值。只有这样，我们才能从书籍和制度中完全获得时代的社会遗产；只有这样，我们才能在一个共同的兄弟情谊中与他人建立最真实、最良好的关系；只有这样，我们才能生活得更广泛、更有意义，才能实现最大可能的社会自我。

3. 表达的教育运用

以上讨论中所展示的表达的教育意义在我们学校里开展得有些迟缓。这不仅仅是由于教育界对新观念的把握缓慢，而且是与使学校的活动适应教育的表达方式和印象有关的实际困难。从雅典陷落到弗罗贝尔时代，学校都是根据学生接受教育的理论建立起来的，这一理论认为学生应在知识中畅游。他们的思想要存满事实。孩子们应该“被看见而不是被听见”。教育在很大程度上是一个利用信息来充实记忆的过程。

教育的印象面更容易提供——现在很明显，提供被动的教育要比主动的教育容易得多。在前一种情况下，只需要让教师和书本合理地充满信息，并且让学生足够听话地接受信息。但在后一种情况下，装备必须更广泛。如果要让孩子把他的印象付诸行动，如果他真的要自己做一些事情，那么他必须得到足够的装备。

就家庭生活而言，几代人以前的孩子在受教育的表现方面与今天的孩子相比有着决定性的优势。那时候的家像工业化的蜂房，里面有十几件手工艺品被教授和练习。房屋、农具和家里的大部分家具都是原生木材制成的。家庭服装的原料在农场生产，制成布料，最后在家里制成衣服。几乎所有餐桌上的食物都来自农场。这些生产制造需要家庭成员的共同努力，每个孩子都各尽其责。

但那个时代已经过去了。现在有一半的人口都生活在城镇，甚至在乡村和农场，家里的手工艺品都被工厂化了，现在家里的每件东西都是备好待用的。电话、邮递员和送货员甚至把所有的差事都做了，剥夺了以前家里孩子的职责，也剥夺了所有手工表达的机会。这不是任何人的错，因为这只是社会工业大调整的一个阶段。然而，事实仍然是，家庭已经失去了教育中的一个重要元素，如果我们不想在教育上因改变而成为失败者，学校必须提供这些元素。

学校要承接手工艺——现代教育方法正是主张这一点。几年前男孩在学校里被抓到削东西是要受惩罚的,如今我们要给男孩提供工作台和工具,并教他如何使用这些工具。以前孩子因画画受到惩罚,现在我们把绘画作为最好的表达方式之一。那时唱歌被临时安排到只有大一点的孩子才能参加的夜校上课,由一些兼职的歌唱老师教授,今天我们把音乐作为最有价值的学校练习之一。那时所有的玩耍时间都白白浪费了,现在我们认识到玩耍是一种必要的、有价值的表达方式和发展方式。以前,戏剧表演仅限于偶尔的展示或晚间娱乐,现在它已成为我们学校教育中的一部分。以前,学生在学校里互相交流是不允许的,现在学校安排学生分组学习,以获得社会实训。以前,我们的教室里没有丝毫的美丽,现在大多数教室都极富艺术性和美感的。

然而,如果把这种情况应用到整个学校系统中,那就过于乐观了。因为仍然有许多学校,各种各样的手工艺课都没有教师,在这些学校里,艺术表现的唯一训练是模仿老师。唱歌对许多老师来说仍然是一门未知的艺术。玩耍的本能在某些方面还受到怀疑和不信任。今天,我们学校的许多教室一如既往的单调,教室里笼罩着一种令人窒息的气氛。我们只能用福尔摩斯的座右铭来安慰自己,"我们站在哪里并不重要,重要的是我们朝着什么方向移动。"我们正朝着更大的发展和更高的表达效率前进。

表达和品格——最后,以上讨论中所说的一切,都与我们的品格有直接的关系——性格是一种神秘的东西,我们常常听到人们对它的赞美,却很少有人对它进行分析。品格有两个截然不同的阶段:主观阶段和社会阶段。换句话说,品格既是我们自己,又是我们的所作所为。其中第一是关于真实的、最内在的自我的本性;最后是自我表达的方式。公平地说,我们周围的人关心的主要是我们与我们所做的事之间的关系。

品格不是一个事物,而是一个过程,它是我们的思想和行为每时每刻的延续。它不是我们可以囤积、保护和磨砺到更完美的一天的东西,而是生活过程中的日常自我。我们只能通过构成一天生活的思想流和行为流的本质——通过存在、做好或做坏来创造品格。

发展的两个方面——品格的培养不可忽视两个方面。一方面,头脑必须有高尚的品德和崇高的理想,有正直的情感和远大的抱负。另一方面,必须在这些精神状态和行为之间建立适当的联系。行为必须最终成长为习惯,这样我们才能自然而然地将我们的品德和理想、情感和抱负转化为行动。忽视第一条就是忘记嘴里说出来的心里话;就是忘记一颗腐朽的树木不能结出好的果实;就是忘记行为是灵魂的真实索引。忽视第二条是让品格残缺不全,其结果是意志薄弱,生活低效而结果贫乏。我们的品格必须是强大的,不仅是在思想和感情上,而且是在力量上,以服务的形式把其成果返还世界。

4. 观察与反思的问题

1. 在你成功地表达了某个难点或问题之后，你是否发现自己对它更了解？你能更好地记得你所表达的内容吗？

2. 在你的哪些研究中，你认为如果给你更多的表达机会，你会做得更好？解释这条格言“我们通过实践来学习”的心理学原理。

3. 观察不同学校的工作，以确定在背诵中是否有充足的表达的机会。你有没有见过这样一个班级，当他们听课的时候无精打采，而当老师让他们自己做的时候瞬间提起精神？

4. 研究一下你听到的笑声类型。为什么有些笑声比其他笑声更令人愉快？当一个著名的雕刻家说眼睛的微笑不能像嘴巴的微笑一样可靠时，他是什么意思？

5. 你在儿童的戏剧表演中看到了哪些孩子们喜欢戏剧表演？什么样的手工艺最适合小学生？什么样的手工艺适合文法学校的孩子？什么样的手工艺适合高中生？

6. 在你的熟人中，有多少人在学习方面看起来很聪明，但却不能取得任何成就？他们在品格的表达方面有问题吗？你为自己的表达能力做过什么？你想用新的方式来培养表达吗？尝试太多的领域有风险吗？